AF543921

Brigitte Grof

Stanislav Grof und das LSD: Von der Pharmakologie zu den Archetypen

Brigitte Grof

Stanislav Grof und das LSD: Von der Pharmakologie zu den Archetypen

Eine Hommage zum 90. Geburtstag

Impressum

Brigitte Grof
Stanislav Grof und das LSD:
Von der Pharmakologie zu den Archetypen
Eine Hommage zum 90. Geburtstag

Nachtschatten Verlag AG
Kronengasse 11
CH-4500 Solothurn
Telefon: 0041 32 621 89 49
Fax: 0041 32 621 89 47
info@nachtschatten.ch
www.nachtschatten.ch

Redaktion: Roger Liggenstorfer, Markus Berger
Übersetzung: Christine Heidrich
Korrektorat: Inga Streblow
Lektorat: Agnes Halski
Umschlaggestaltung: Nina Seiler
Layout: Nina Seiler. Silvia Aeschbach

Die Abbildungen in diesem Buch stammen aus den Archiven der beteiligten Autoren.

Druck: Druckerei & Verlag Steinmeier, Deiningen

ISBN 978-3-03788-487-4

Inhalt

Stan Grof in Big Sur 2017

Widmung

Für Stan,
zur Feier Deines 90. Geburtstags

In tiefer Dankbarkeit und großer Liebe für Deine lebenslange Forschung zur heilenden Kraft von Psychedelika, Holotropem Atmen, Transpersonaler Psychologie und holotropen Bewusstseinszuständen. Dein liebevoller, mitfühlender, selbstloser und demütiger Dienst an der Menschheit hat dazu beigetragen, das spirituelle Wissen darüber, wer wir wirklich sind, wieder in die Welt zu bringen.

Du bist nicht nur ein unglaublicher Forscher, Wissenschaftler, Gelehrter, Psychiater und Psychotherapeut mit so riesengroßem Wissen und enormer Erfahrung. Du bist auch ein wunderbarer Mensch mit dem größten liebenden Herzen, dem ich je begegnet bin, mit so schönen Augen, einem ausgelassenen Sinn für Humor und einer unbegrenzten Neugier, einem mitfühlenden und freien Geist, sanft und stark zugleich.

Du bist die Liebe meiner Leben, die andere Hälfte meiner Seele. Nachdem wir viele innere und äußere Reisen zusammen unternommen haben, fühle ich mich gesegnet durch das Geschenk unserer bedingungslosen Liebe und geehrt und unendlich dankbar, Deine Frau zu sein.

Ich spreche auch für die vielen Menschen auf der ganzen Welt, deren Leben, Herzen und Seelen Du durch Deine Arbeit und Dein Sein tief berührt und transformiert hast.

Wir wünschen Dir alles Gute zum Geburtstag!

Mögest Du noch viele Jahre glücklich, gesund und wohlauf sein und noch viele interessante Abenteuer erleben.

Von ganzem Herzen,
Deine Brigitte

Stan und Brigitte Grof in Esalen, 2017

Grußworte

Liebster Stan,

unser Leben ist nun schon seit über acht Jahrzehnten eng miteinander verbunden. Es wäre schwer, ein Ereignis zu wählen, das diese Verbindung am besten widerspiegelt.

Du hast mein Leben so tiefgreifend beeinflusst, praktisch wie auch konzeptionell. In praktischer Hinsicht war wohl das wichtigste Ereignis, dass Du mich einludst, Dich in Amerika zu besuchen. Der Besuch war für zwei Monate geplant. 53 Jahre später bin ich noch immer auf dieser Seite des Atlantiks. Was für ein Besuch!

Auch auf mein gesamtes Denken hast Du einen tiefgreifenden Einfluss gehabt. Und nach dem Studium der Neurobiologie außergewöhnlicher Bewusstseinszustände, ihrer Entfaltung während des Lebens und ihrer Erscheinungsformen in großen Familien, deuten alle meine Beobachtungen darauf hin, dass diese Erfahrungen nicht vom Gehirn erzeugt werden können. Sie scheinen aus dem Bewusstseinsfeld zu entstehen.

Eine Erkenntnis, die Du schon bei Deinem ersten Selbstversuch mit LSD-25 vor 65 Jahren gewonnen hast, bei dem ich als Sitter dabei war.
Alles Liebe und viele Jahre mehr, die wir alle noch mit Dir teilen wollen.

Paul Grof, MD, PhD, Psychiater,
Professor für affektive Störungen, Toronto
Ottawa, 30. März 2021

Paul und Stan Grof in China, 2015

Mein lieber Herzensfreund Stan,

90 Jahre sind ein majestätisches Alter – und doch auch begrenzt ...

Für mich bist Du ein unsterbliches Wesen.

In Deinen 90 Jahreskreisen um unseren Stern warst Du für mich eine Inspiration und ein Kollege, ein visionärer Begleiter und außergewöhnlicher Lehrer und Spielkamerad.

In jeder Inkarnation haben wir das Glück, einigen wenigen wirklich bemerkenswerten Menschen zu begegnen, deren Genialität, Vision und Herz den Lauf unseres Lebens verändern.

Das bist Du für mich gewesen. Die Weite Deines Verständnisses, die neuen und tiefgründigen Landkarten und Praktiken, die Du entdeckt oder wiederentdeckt hast, die kosmische Perspektive, die Du mir und all jenen in Deinem Orbit geboten hast, waren mächtige Kräfte zum Lernen und Erwachen und um mehr Mitgefühl in unser Leben zu bringen.

Ich könnte noch weiter über die vielfältigen Dimensionen Deines Wissens und Verständnisses sprechen, von Psychologie und Psychiatrie bis hin zur modernen Physik, Weltmusik, Kunst, Literatur, Sprachen, Anthropologie und Mythologie, Systemtheorie, Astronomie, Astrologie und allen Formen der menschlichen Transformation.

Doch so großartige Dimensionen sie auch sind, diese kreativen Aspekte Deines Geistes und Deiner Vision sind eingebettet in etwas Wichtigeres.

Es ist Dein weiser, übernatürlich beständiger, ausgesprochen mitfühlender und grenzenlos interessierter Geist ..., der der unerträglichen Schönheit und dem

Jack Kornfield und Stan Grof in China, 2015

Ozean der Tränen, die unsere menschliche Inkarnation und den Kosmos jenseits ausmachen ..., auf liebevolle, fürsorgliche, neugierige und befreite Weise begegnet.

Du bist der Meister des kosmischen Spiels, und es war ein Segen und eine Ehre, fast ein halbes Jahrhundert liebevoller Verbindung, kreativer Zusammenarbeit und Inspiration zu teilen.

So wie Albert Hofmann sein letztes Jahrzehnt mit Freude und einem magischen Triumph genossen hat, möge dieses 90. Jahr der Beginn eines besonderen, nährenden Jahrzehnts voll weiterer Abenteuer und Liebe sein.

Mögen Du und die ausgesprochen wunderbare Brigitte an Deiner Seite gesegnet sein.

Jack Kornfield, buddhistischer Vipassana-Lehrer und Autor

An meinen lieben Freund zu seiner 90. Sonnenwiederkehr

Es gibt niemanden in meinem Leben, der mit Dir vergleichbar ist und mich auf so viele tiefgreifende Weisen beeinflusst hat wie Du, lieber Stan, nicht nur in der Entfaltung meines Verstandes, sondern auch meiner Seele und meines Geistes. Du und ich wurden beide von vielen brillanten Lehrern und Denkern gesegnet, aber für mich bist Du eine Klasse für sich. Was für ein phantastisches liebreizendes Geschenk Du bist!

Wenn ich jetzt auf fast ein halbes Jahrhundert seit unserer Ankunft in Esalen zurückblicke, sehe ich vor meinem geistigen Auge die Hunderte von Vortragssälen, Unterrichtsräumen und Podien, in denen wir gemeinsam Vorträge gehalten haben, in so vielen Ländern auf allen Kontinenten der Welt, angefangen im Wohnzimmer des Big House und bei Huxley, weiter nach Prag und Zürich, nach Hollyhock und Eranos, nach Brasilien und China. Wir haben Situationen erlebt, die gefährlich waren, und andere genossen, die idyllisch waren. Wir haben uns gemeinsam mit komplexen Ideen auseinandergesetzt und die Freude an verblüffenden Entdeckungen gespürt. Ich habe kaum einen tiefgründigen Gedanken, der nicht auf irgendeine grundlegende Weise durch Deine Einsichten und Deinen Einfluss geprägt wurde.

Und bei all dem kann ich mich an keine Zeit erinnern, in der ich nicht das Gefühl liebevoller Freundschaft und Freude in Deiner Gesellschaft verspürt habe. Das warme Licht Deiner lächelnden Augen strahlt aus einer großen Tiefe des Geistes, die wir alle in Dir erkennen. (Frag einfach Deine liebevolle Seelenverwandte Brigitte.) Während sich sicherlich viele Götter und Göttinnen durch uns alle ausdrücken, habe ich manchmal das Gefühl gehabt, dass in Deiner sanften Erscheinungsform als Mann in diesem Leben die Große Muttergöttin mit besonderer Kraft durchschien. Wie viele Tausende hast Du betreut, ihnen zu einer neuen Geburt verholfen, mit so viel Geschick, Freundlichkeit, Geduld und Weisheit. Du bist für unzählige Menschen eine Seelen-Hebamme gewesen. Aber mehr als das, durch Deine Ruhe, Deinen Mut, Dein Vertrauen in das Universum und in die einzigartige heilende Intelligenz, die tief in jedem Menschen steckt, bist Du in einer sehr realen Weise das Gefäß der grenzenlosen Liebe der Großen Mutter für andere gewesen, die diese in sich selbst tragen. Wie sonst ist es zu erklären, dass in Deiner Gegenwart so viele die Geburt und Wiedergeburt erfahren haben, das untrügliche Zeichen für die Anwesenheit einer Großen Muttergöttin?

Rick Tarnas und Stan Grof in Esalen

Du kamst in eine moderne Welt, in der die alten Mysterien und heiligen Rituale für unsere Zivilisation verloren gegangen waren. In den vielen Jahrzehnten Deines Lebens warst Du wie ein Hohepriester der Mysterienreligionen von Tod und Wiedergeburt von vor Jahrtausenden, wie ein Schamane aus den großen indigenen Traditionen, der irgendwie in die Welt der Wissenschaft und Psychiatrie befördert wurde. Und irgendwie hast Du es durch Deine erstaunliche Kraft und Dein Können, und zweifellos auch durch Karma und Gnade, geschafft, diese große Spannung der Gegensätze zu halten und sie zu einer wahren Synthese zusammenzuführen, einer heiligen Ehe, die noch über Generationen hinweg Früchte tragen wird.

Diese Worte sollen auf Deine besondere historische Rolle hinweisen, aber hier möchte ich Dir einfach für das unermessliche Geschenk Deiner persönlichen Anwesenheit danken. Du warst so gütig, so großherzig und hast mir geholfen, meine innere Reise von diesen frühesten Jahren an zu leiten. Und Du hast mir als Vorbild gedient, wie man vor der Welt steht und über Realitäten spricht, die die konventionelle Denkweise aufs Tiefste herausfordern und Wege der Weisheit und Heilung bieten.

Alle Hochachtung für Dich, Stan, und meine unendliche Dankbarkeit. Möge Dein Stern weiterhin hell leuchten, in diesem Leben und in vielen kommenden.

Rick Tarnas, PhD,
Professor der Philosophie, Kosmologie und des Bewusstseins
California Institute of Integral Studies

Rick Doblin und Stan Grof, Mill Valley 2018

Da Du 90 Jahre alt wirst, wünsche ich Dir zum Geburtstag, dass Du mit eigenen Augen die erste FDA-Zulassung für die psychedelisch unterstützte Therapie siehst, wahrscheinlich die MDMA-gestützte Therapie für posttraumatische Belastungsstörungen (PTBS), dann Psilocybin bei Depressionen und anschließend andere. Es wird die Frucht des Baumes sein, den Du gepflanzt hast, als Du die Anfänge der LSD-Forschung miterlebt hast, als Du Mitglied der herausragenden LSD-Forschungsteams in Prag und in Spring Grove warst, als Du die Gegenreaktionen erlebt hast, als Du Grundlagenbücher zur LSD-Forschung geschrieben hast, als Du mit dem Holotropen Atmen begonnen und geholfen hast, die Transpersonale Psychologie und die International Transpersonal Association (ITA) aufzubauen, und als Du im Laufe der Jahrzehnte viele der heute führenden psychedelischen Forscher ausgebildet hast.

Albert und Anita lebten lange genug, um den Beginn der Wiederaufnahme der LSD-Forschung nach Jahrzehnten der Unterdrückung mitzuerleben, eine meiner stolzesten Erfolge bei MAPS. Mein Wunsch zu Deinem 90. Geburtstag ist Gesundheit, damit Du noch zu Lebzeiten die Verwirklichung der legalen psychedelisch gestützten Therapie auf Rezept, übernommen von der Krankenkasse, miterleben kannst – Dein Vermächtnis.

Rick Doblin, PhD, geschäftsführender Leiter und Gründer von MAPS (Multidisciplinary Association for Psychedelic Studies)

Zur Feier von Stans 90. Geburtstag

Wie fange ich an, die Erinnerungen an 50+ Jahre auszudrücken und mit ein paar Worten zu erfassen? Es ist nicht möglich. Zu sagen, dass es ein erlebnisreiches Abenteuer war, ist ein Anfang. Wir (Michael und ich) haben außergewöhnliche Ereignisse mit Dir erlebt und geteilt. Einige waren alltäglich, andere waren etwas ganz Besonderes; alle waren kreativ, großherzig und humorvoll. Deine besondere Gabe der ernsthaften Absicht und Entschlossenheit, verbunden mit diesem Funkeln in Deinen Augen, ist unvergesslich.

Ich danke Dir. Wahre Freundschaft lebt in allen, die das Privileg haben, Dich zu kennen.

In Liebe und Dankbarkeit, Sandra Harner, PhD,
Mitbegründerin und Vizepräsidentin der Stiftung für schamanische Studien

Sandy und Michael Harner, Stan Grof, Mill Valley 2016

Lieber Stan

Was für ein Geschenk es ist, Dich in den letzten 40 Jahren zu kennen!

Du bist so viel für mich und so viele andere:

- ein lieber Freund,
- Wegbereiter,
- Wegweiser,
- Türöffner,
- Kartenersteller,
- Konferenzmacher,
- Inspirator,
- Wachstumskatalysator,
- Lebensveränderer
- und Bewusstseinserweiterer.

Es ist eine lange Liste!

Du hast so viel getan und geschaffen:

1. Du hast die Psychologie vertieft und spiritualisiert,
2. die Transpersonale Psychologie geschaffen,
3. das Bewusstsein über Kulturen und Disziplinen hinweg kartiert,
4. Psychologie, Mythologie und Spiritualität integriert,
5. neue Praktiken wie das Holotrope Atmen entdeckt,
6. neue spirituelle Herausforderungen wie die spirituelle Emergenz und den spirituellen Notfall erkannt,
7. neue Organisationen wie die International Transpersonal Association und das Spiritual Emergence Network gegründet,
8. und diese Erkenntnisse auf das Verständnis unserer individuellen, sozialen und globalen Probleme angewandt.

Und wieder ist es eine lange Liste.

Doch wie Ken Wilber einmal zu mir sagte: «Selbst wenn Stan nur *Das kosmische Spiel* geschrieben hätte, würde er immer noch einen Platz in der Geschichte verdienen.»

Es wird wahrscheinlich Jahrzehnte dauern, bis die ganze Bedeutung und die zahlreichen Implikationen Deiner Arbeit vollständig verstanden und gewürdigt werden.

Roger Walsh, Michael Harner und Stan Grof, Kalifornien 2016

Aber egal, wann das sein wird, Du hast unser Verständnis der menschlichen Natur – der menschlichen Psychologie, Potenziale, Möglichkeiten, Pathologien und Therapien – eindeutig erweitert und vertieft, wie es nur wenige in der Geschichte getan haben. In dem Maße, in dem Deine Entdeckungen anerkannt und umgesetzt werden, wird die Welt ein besserer Ort sein, mit weniger persönlichem Schmerz und kollektivem Leid und mehr Wohlbefinden und Aufblühen.

Nun sind es neun Jahrzehnte, 90 Jahre, in denen Du das Leben erkundet und genossen hast. Du hast so viel erforscht, entdeckt, gelebt und geliebt, dank Deines erstaunlichen Intellekts, Deines großen Herzens, Deiner freudigen Neugierde und Deiner furchtlosen Bereitschaft, Konventionen zu überschreiten und heilige Kühe zu grillen.

Stan, Du bist ein unbezahlbares Geschenk für uns alle, und vielleicht wirst Du mit der Zeit als ein Weltschatz anerkannt werden. Du bist wahrlich ein Meister des kosmischen Spiels.

Danke, lieber Freund, für alles, was Du mir und der Welt gegeben hast – und wäre Frances hier, würde sie Dir genauso danken wollen wie ich.

In Dankbarkeit und Liebe

Roger Walsh, MD, PhD., Professor für Psychiatrie, Philosophie und Anthropologie an der University of California, Irvine

Lieber Stan

Anlässlich Deines 90. Geburtstags möchte ich Dein langes Leben feiern und Ralph und mir selbst Dankbarkeit dafür aussprechen, dass sich unsere Wege in diesem Leben so innig mit Deinen gekreuzt haben. In der Tat war es eine zufällige Begegnung, als Du 1965 mit Peter John in Millbrook einen unerwarteten Zwischenstopp eingelegt und Ralph kennengelernt hast. Ihr seid über 50 Jahre lang gute Freunde geblieben, und wir hatten das Glück, in der selben Gegend zu wohnen und uns bei verschiedenen gesellschaftlichen Anlässen zu treffen.

Ich bin glücklich, durch Ralph in euren Freundeskreis aufgenommen worden zu sein. Ich weiß es zu schätzen, dass Du eng mit Ralphs geliebter Partnerin Angeles Arrien befreundet warst. Ich war dankbar, dass Du mich, obwohl ich so viel jünger war, als Ralphs neue Partnerin angenommen hast.

Ich erinnere mich an einen besonderen Abend, den Du, Christina, Ralph und ich im Mai 2014 im Taj Restaurant in San Rafael verbrachten, nachdem Angie am 24. April 2014 gestorben war, vor Christinas Tod am 15. Juni 2014. Wir haben an diesem Abend die Freundschaft zwischen den dünnen Schleiern von Leben und Tod zweier wunderbarer und wichtiger Frauen in Deinem und Ralphs Leben bekräftigt.

Ich bin voll Dankbarkeit für die Art und Weise, wie Du und Brigitte Ralph und mich in eure wunderbare neue Liebesbeziehung aufgenommen habt, und ich genieße das erfrischende Leben, das Du und Brigitte gemeinsam geschaffen habt und das uns alle nährt.

Während Du Deine neun Jahrzehnte in diesem Leben feierst, ziehe ich den Hut vor Deinem großartigen Leben als Akademiker, Forscher, Schriftsteller, Lehrer, Leiter des Holotropen Atmens und vor Dir als einem lieben Freund. Ich hatte das große Glück, dass meine erste Erfahrung mit dem Holotropen Atmen bei IONS unter Deiner Leitung stattfand, und dass ich erfreulicherweise in der kleinen Integrationsgruppe war, die Du geleitet hast. Ich bin Dir auch dankbar für Deine Unterstützung meiner Vision, die ITA-Jugendkonferenzen zu gründen, eine Leidenschaft und Mission von mir, junge Menschen durch erweiterte Erfahrungen zu stärken. Die ITA-Konferenzen waren großartig und unvergesslich für uns und für alle, die daran teilnahmen.

Unsere Leben umspannen akademische, intellektuelle Inhalte über transpersonale psychologische und psychedelische Themen, astrologisches Wissen und Interessen, großartige Konferenztreffen und vertraute, gesellige Zusammenkünfte mit lieben Freunden.

Ralph Metzner und seine Frau Cathy Coleman, Kalifornien 2016

Hier ist der Trinkspruch, den Ralph wohl auf dem Foto gehalten hat, das Brigitte, wie ich glaube, zur Feier Deiner Hochzeit mit ihr bei Betsy Gordon zu Hause aufgenommen hat:

Der L-Trinkspruch von **Ralph Metzner**

Die 4 Ls (Elfen)	Die 8 Ls (Elfen)
Leben	*Langes Leben*
Lieben	*Licht der Liebe*
Lachen	*Lustvolles Lachen*
Loslassen	*Leichtherziges Loslassen*

Cathy Coleman, PhD, Astrologin

Stan und Brigitte Grof, Bruder David Steindl-Rast, ITA-Konferenz, Prag 2017

Dieses Bild, lieber Stan, zeigt Dich von Deiner fröhlichsten Seite, Dein Gesicht erhellt von dem Strahlen, das aus Brigittes Augen scheint. Es fängt einen Moment ein, den ich sehr schätze und der mich an so viele gesegnete Momente erinnert, die ich mit Dir teilen durfte. Was für ein großes Geschenk ist unsere Freundschaft für mich in diesen Jahrzehnten gewesen!

Dein 90. Geburtstag ist ein Anlass, Dir für dieses Geschenk zu danken. Es erinnert mich auch daran, was für ein Privileg es war, Deine Mutter kennenzulernen. Wie dankbar bin ich, diese großartige Frau kennengelernt zu haben, die uns Dich vor 90 Jahren geschenkt hat. Lass Dich von der Zahl 90 nicht erschrecken. Da ich Dir ein halbes Jahrzehnt voraus bin, was das Zählen von Geburtstagen angeht, kann ich Dir versichern: Trotz der unvermeidlichen Einschränkungen können die 90er Jahre eine Zeit wachsender Süße sein. Und mit Brigitte an Deiner Seite, wie könnte das nicht so sein?

So wünsche ich Dir (mit einem poetischen, von Rilke entlehnten Bild) getrost jenen herbstlichen Sonnenschein, der die letzte Süße in den schweren Wein Deiner Lebensleistung lenkt. Gott segne Dich an diesem besonderen Geburtstag und für immer.

Mit einer feierlichen Umarmung,
Dein Bruder David (Benediktinermönch und Autor)

Stan Grof und Fritjof Capra, 1976

Meine herzlichsten Wünsche zu Deinem 90. Geburtstag –
Gesundheit, Glück und Gelassenheit!

In Dankbarkeit für viele Jahrzehnte der inspirierenden Freundschaft,
Fritjof Capra, PhD, Physiker und Autor

Es gibt nur wenige Menschen auf der Welt, die eine wirklich grundlegende Entdeckung nicht nur über die Welt, sondern auch über uns gemacht haben. Über unser wahres Selbst. Stan Grof ist einer dieser Menschen. Es ist ein Privileg, ihn zu kennen und die Vision zu teilen, die er zum Leben erweckt – über das Leben, über den tiefsten Sinn und die Bedeutung des Lebendigseins.

Sein Denken und seine Arbeit werden ein Vielfaches seiner 90 Jahre überdauern. Zum Nutzen unseres Verständnisses von Leben, Geist und jener tiefen Schicht, die wir Psyche nennen. Langes Leben dem Psychonauten Stanislav Grof!

Ervin László, PhD., Wissenschaftsphilosoph, Systemtheoretiker

Brigitte und Stan Grof, Ervin László und Maria Sagi, ITA Konferenz, Prag 2017

Rupert Sheldrake und Jill Purce

Happy Birthday, Stan! Du bist ein Licht und eine Inspiration für mich, wie für viele andere auch. Deine weitsichtige und prophetische Arbeit trägt dazu bei, unsere Kultur zum Besseren zu verändern, und ich bin sicher, dass sie das auch weiterhin tun wird.

Rupert Sheldrake, PhD,
Autor von Ways To Go Beyond and Why They Work

An der Wende vom 19. zum 20. Jahrhundert lassen sich die böhmischen Länder als Wiege des kritischen Denkens und der Musik der Spätromantik betrachten. Die Wurzeln solcher Größen wie Antonín Dvořák, Leoš Janáček, Karl Popper, Kurt Gödel, Erich Korngold und Franz Kafka gehen auf ein relativ kleines Gebiet in Böhmen und Mähren in Mitteleuropa zurück.

In der zweiten Hälfte des 20. Jahrhunderts bereicherte diese Region die Weltkultur, die Philosophie, die Wissenschaft und den Sport mit kosmopolitischen Persönlichkeiten, die dank ihres Talents und ihrer Größe weltweite Bedeutung erlangten. Im Sport waren es z. B. Martina Navrátilová, Ivan Lendl und Jaromír Jágr, im Film zweifellos Miloš Forman, in der Literatur Milan Kundera und in den psychologischen Wissenschaften Stan Grof.

Im Fall von Stan Grof kamen mehrere wichtige historische Umstände zusammen: Erstens herrschte das «goldene Zeitalter» der 1960er Jahre, als einige Enthusiasten am Psychiatrischen Forschungsinstitut in Prag mit Halluzinogenen und deren Anwendung in der Psychotherapie zu experimentieren begannen. Der zweite wichtige Umstand ist eine besondere Reflexion der relativen Begrenztheit des Reduktionismus in der Wissenschaft und ein Verständnis für die transzendentale Dimension unseres Seins. Stan Grof hat diesen Bereich später in seinem Buch *Beyond the Brain (auf Deutsch: Geburt, Tod und Transzendenz. Neue Dimensionen in der Psychologie)* ausgearbeitet.

Und der dritte und vielleicht wichtigste Umstand im Fall von Stan Grof war seine Emigration in die Vereinigten Staaten, die durch den Einmarsch sowjetischer Truppen in die damalige Tschechoslowakei erzwungen wurde. Hand in Hand mit der folgenden Ära, in der Psychedelika aufgrund der restriktiven Drogenpolitik in Verruf gerieten, erweiterte Stan Grof sein Konzept der LSD-induzierten veränderten Bewusstseinszustände nicht nur auf veränderte Bewusstseinszustände im Allgemeinen, sondern auch auf die Transpersonale Psychologie.

Mit dieser Überschneidung in das Philosophie- und Denkgerüst des ausgehenden 20. Jahrhunderts wurde Stan Grof zu einer der oben erwähnten kosmopolitischen Größen, deren Wurzeln an denselben Ort führen. Alle zukünftigen Generationen von Wissenschaftlern, Denkern, Philosophen und an der Psychologie Interessierten werden sich mit Stans Werk auseinandersetzen müssen.

Stan Grof und Cyril Höschl

Ob es sich um ein Verständnis oder eine kritische Analyse handelt, es wird in jedem Fall eine bleibende Spur sein, die Stan Grof in der menschlichen Zivilisation hinterlässt und damit die Tradition solcher Größen wie Sigmund Freud und Carl Gustav Jung fortsetzt. Das bedeutende Lebensjubiläum von Grof ist eine ausgezeichnete Gelegenheit, die Bedeutung seines Lebenswerkes ausreichend zu verstehen und zu würdigen.

Prof. MU Dr. Cyril Höschl, Dr Sc., FRC Psych.
Leiter des Nationalen Instituts für Psychische Gesundheit & Professor für Psychiatrie, Abteilung für Psychiatrie und Medizinische Psychologie, Prag

Albert Hofmann und Stan Grof bei Hofmanns zuhause in der Schweiz 1985

Vorwort
Über das außergewöhnliche Potenzial der Psychedelika

Der Gebrauch psychedelischer Substanzen lässt sich über Jahrtausende zurückverfolgen, bis zu den Anfängen der Menschheitsgeschichte. Seit undenklichen Zeiten wurden Pflanzenstoffe, die machtvolle bewusstseinserweiternde Substanzen enthalten, in zahlreichen unterschiedlichen Teilen der Welt verwendet, um außergewöhnliche Bewusstseinszustände in verschiedenen rituellen und spirituellen Zusammenhängen hervorzurufen. Sie haben eine wichtige Rolle in schamanischen Praktiken, Heilungszeremonien von Urvölkern, Übergangsriten, Mysterien von Tod und Wiedergeburt und spirituellen Traditionen gespielt. Die Ur- und indigenen Kulturen, die psychedelische Substanzen verwendeten, schätzten diese und betrachteten sie als Sakramente, als «Fleisch der Götter».

Menschengruppen, die über psychedelische Pflanzen verfügten, nutzten ihre entheogenen Effekte (entheogen bedeutet wörtlich «das Göttliche im Inneren erwecken») und machten sie zum hauptsächlichen Werkzeug ihres rituellen und spirituellen Lebens. Die aus diesen Pflanzen hergestellten Zubereitungen vermittelten diesen Menschen den erfahrungsorientierten Kontakt mit den archetypischen Dimensionen der Wirklichkeit – Göttern, mythologischen Reichen, Krafttieren sowie numinosen Kräften und Aspekten der Natur. Ein weiterer wichtiger Bereich, in dem die durch Psychedelika erzeugten Zustände eine entscheidende Rolle spielten, war die Diagnose und Heilung verschiedener Störungen. Die anthropologische Literatur enthält zahlreiche Berichte, die darauf hinweisen, dass indigene Kulturen Psychedelika zur Ausbildung der Intuition und außersinnlichen Wahrnehmung für eine Vielzahl von divinatorischen, aber auch praktischen Zwecken verwenden, wie dem Auffinden vermisster Personen und Gegenstände, dem Erhalten von Informationen über Menschen an fernen Orten, und um die Bewegungen des Wildes zu verfolgen, das diese Menschen jagten. Darüber hinaus dienten psychedelische Erfahrungen als wichtige Quellen künstlerischer Inspiration und lieferten Ideen für Rituale, Bilder, Skulpturen und Lieder.

In der Geschichte der chinesischen Medizin lassen sich Berichte über psychedelische Substanzen bis etwa 3000 Jahre zurückverfolgen. Der sagenumwobene

Pilzfigur aus Stein, ca. 1000 v.u.Z. – 500 n.u.Z., Guatemala-Stadt, in: *The Wonderous Mushroom*, © Gordon Wasson

göttliche Trank, der im altpersischen *Zend Avesta* als *Haoma* und in den indischen *Veden* als *Soma* bezeichnet wird, wurde von den indoiranischen Stämmen vor Jahrtausenden verwendet. Die mystischen Bewusstseinszustände, die durch Soma hervorgerufen wurden, bildeten sehr wahrscheinlich die Hauptquelle der vedischen und hinduistischen Religion. Zubereitungen aus unterschiedlichen Hanfsorten wurden geraucht und eingenommen, unter verschiedenen Namen – *Haschisch, Charas, Bhang, Ganja, Kif* und *Marihuana* – in Asien, Afrika und im karibischen Raum, zur Erholung, zum Vergnügen und während religiöser Zeremonien. Sie stellten ein wichtiges Sakrament für so unterschiedliche Gruppen wie die indischen Brahmanen, bestimmte Orden der Sufis, die alten Skythen und die jamaikanischen Rastafari dar.

Der zeremonielle Gebrauch verschiedener psychedelischer Substanzen hat auch in Mittelamerika eine lange Geschichte. Hochwirksame bewusstseinsverändernde Pflanzen waren in mehreren präkolumbianischen Kulturen bekannt – unter anderem bei den Azteken, Mayas, Olmeken und Mazateken. Die berühmtesten unter ihnen sind der mexikanische Kaktus *Peyote (Lophophora williamsii)*, der heilige Pilz *Teonanacatl (Psilocybe mexicana*, Anm. auf Deutsch: *mexikanischer Kahlkopf)* und *Ololiuqui* oder Samen der *Prunkwinde/Ololiuquiranke (Turbina corymbosa)*. Diese Stoffe werden bis zum heutigen Tag von mehreren mexikanischen Indianerstämmen (Huichols, Mazateken, dem Volk der Cora und anderen) und von der *Native American Church* verwendet.

Das berühmte südamerikanische *Yajé* oder *Ayahuasca* ist ein Sud aus einer Dschungelliane *(Banisteriopsis caapi)* und anderen pflanzlichen Zusätzen. Das Amazonasgebiet ist auch für eine Vielzahl psychedelischer Schnupftabaksorten *(Virola callophylla, Anadenanthera peregrina)* bekannt. Zubereitungen aus der Rinde des Ibogastrauchs *(Tabernanthe iboga)* wurden von afrikanischen Stämmen in geringer Dosierung als Stimulans bei Löwenjagden und langen Kanufahrten und in höheren Dosierungen als rituelles Sakrament verwendet. Die obige Auflistung stellt nur einen kleinen Bruchteil der psychedelischen Verbindungen dar, die über viele Jahrhunderte in verschiedenen Ländern der Welt verwendet wurden. Der

Huichol Yarn-Gemälde

Einfluss, den die Erfahrungen auf das spirituelle und kulturelle Leben vorindustrieller Gesellschaften hatten, war gewaltig.

Menschen aus unserem Kulturkreis, die den Gebrauch psychedelischer Pflanzen als etwas sehen, das in exotischen und «primitiven» Kulturen praktiziert wird und unserer eigenen Tradition fremd ist, wären sehr überrascht zu erfahren, dass psychedelische Substanzen sehr wahrscheinlich die antike griechische Kultur beeinflusst haben, die allgemein als die Wiege der europäischen Zivilisation gilt. Viele Größen der griechischen Kultur, einschließlich Platon, Aristoteles, Alkibiades, Pindar und anderen, waren Eingeweihte der Mysterien von Tod und Wiedergeburt im Mittelmeerraum, die im Namen von Demeter und Persephone, Dionysos, Attis, Adonis, Orpheus und anderen ausgeübt wurden. Nach einer von einem Forscherteam, dem auch Albert Hofmann angehörte, aufgestellten Theorie, enthielt der heilige Trank *kykeon,* der fast zwei Jahrtausende lang Tausenden von Eingeweihten in die Eleusinischen Mysterien alle fünf Jahre verabreicht wurde, ein dem LSD ähnliches Mutterkornalkaloid. Psychedelika

Modell von Telesterion, dem Eleusinischen Heiligtum

waren höchstwahrscheinlich auch Bestandteile der Weine, die bei den Bacchanalien verwendet wurden.

Die lange Geschichte der rituellen Verwendung psychedelischer Pflanzen steht in scharfem Kontrast zu einer vergleichsweise kurzen Geschichte der wissenschaftlichen Bemühungen um die Identifikation ihrer psychoaktiven Alkaloide und die Untersuchung ihrer Wirkungen. Die erste psychedelische Substanz, die in chemisch reiner Form synthetisiert und systematisch unter Laborbedingungen erforscht wurde, war Meskalin, das aktive Alkaloid aus dem Peyote-Kaktus. Klinische Experimente, die in den ersten drei Jahrzehnten des 20. Jahrhunderts mit dieser Substanz durchgeführt wurden, konzentrierten sich auf die Phänomenologie der Meskalin-Erfahrung und ihre interessanten Auswirkungen auf die künstlerische Wahrnehmung und den kreativen Ausdruck. Überraschenderweise enthüllten sie nicht ihr therapeutisches, heuristisches und entheogenes Potenzial. Kurt Beringer, Autor des einflussreichen Buches *Der Meskalinrausch,* veröffentlicht im Jahr 1927, gelangte zu dem Schluss, dass Meskalin eine toxische Psychose auslöst.

Nach diesen bahnbrechenden klinischen Experimenten mit Meskalin wurde auf diesem faszinierenden und schwierigen Gebiet bis zu Albert Hofmanns epochaler schicksalhafter Entdeckung der psychedelischen Eigenschaften von LSD-25, oder Lysergsäurediethylamid, einer Substanz von außergewöhnlicher Potenz, sehr wenig geforscht. Dieses neue halbsynthetische Mutterkornderivat, das in unglaublich kleinen Mengen von Mikrogrammen oder Gammas (Millionstel Gramm) wirkt, entfachte eine revolutionäre Epoche der Forschung in der Psychopharmakologie, Psychologie, Psychiatrie und Psychotherapie. Aufgrund der unglaublichen Verheißungen, die sie in vielen verschiedenen Forschungsbereichen besaß, schien diese neue Substanz Albert Hofmanns «Wunderkind» zu sein.

Albert Hofmann in seinem Labor in Basel zu der Zeit, als er LSD entdeckte

Die Entdeckung der starken psychedelischen Wirkung winziger Dosierungen von LSD löste eine Zeit aus, die als «goldene Ära der Psychopharmakologie» bezeichnet wurde. Innerhalb eines vergleichsweise kurzen Zeitraums legten die gemeinsamen Anstrengungen von Biochemikern, Pharmakologen, Neurophysiologen, Psychiatern und Psychologen erfolgreich den Grundstein für eine neue wissenschaftliche Disziplin, die man «Pharmakologie des Bewusstseins» nennen kann. Die Wirkstoffe aus mehreren sonst noch vorhandenen psychedelischen Pflanzen wurden chemisch identifiziert und in chemisch reiner Form hergestellt. Nach der Entdeckung der psychedelischen Wirkung von LSD-25 identifizierte Albert Hofmann die Wirkstoffe der mexikanischen Zauberpilze (*Psilocybe mexicana),* Psilocybin und Psilocin sowie den von Ololiuqui oder den Samen der *Prunkwinde/ Ololiuquiranke (Turbina corymbosa),* das sich als das eng mit LSD-25 verwandte Lysergsäureamid (LSA, LA-111, Ergin) herausstellte.

Das Handwerkszeug der psychedelischen Substanzen wurde weiter durch psychoaktive Tryptaminderivate – DMT (N,N-Dimethyltryptamin), DET (N,N-Diethyltryptamin) und DPT (N,N-Dipropyltryptamin) – bereichert, die von der Budapester Chemikergruppe unter der Leitung von Steven Szára synthetisiert und untersucht wurden. Der Wirkstoff des afrikanischen Strauchs *Tabernanthe iboga,* Ibogain, und das reine Alkaloid der Ayahuasca-Pflanze *Banisteriopsis caapi,* bekannt unter den Namen Harmalin, Yagein und Telepathin, waren bereits früher im 20. Jahrhundert isoliert und chemisch identifiziert worden. In den 1950er Jahren stand den Forschern eine breite Palette psychedelischer Alkaloide in reiner Form zur Verfügung. Es war nun möglich, ihre Eigenschaften im Labor zu untersuchen und die Phänomenologie ihrer klinischen Wirkungen und ihr therapeutisches Potenzial zu erforschen. Die Revolution, die durch Albert Hofmanns glückliche Entdeckung des LSD ausgelöst wurde, war eingeleitet.

Nach der Veröffentlichung der ersten klinischen Abhandlung zu LSD durch Walter A. Stoll in den späten 1940er Jahren, in der der Autor die Wirkung dieser außergewöhnlichen Substanz bei einer Gruppe von Probanden und psychiatrischen Patienten und ihr mögliches therapeutisches Potenzial beschrieb, wurde Albert Hofmanns «Wunderkind» über Nacht zu einer Sensation in der wissenschaftlichen Welt. Nie zuvor in der Geschichte der Wissenschaft galt eine einzelne Substanz als so vielversprechend in den unterschiedlichsten Bereichen.

Für Neuropharmakologen und Neurophysiologen bedeutete die Entdeckung des LSD den Beginn einer goldenen Ära der Forschung, die viele Rätsel über Neurorezeptoren, synaptische Transmitter, chemische Antagonismen, die Rolle des Serotonins im Gehirn und die komplizierten biochemischen Wechselwirkungen, die den zerebralen Prozessen zugrunde liegen, lösen konnte.

Die Experimentalpsychiater sahen in LSD ein einzigartiges Mittel, um ein Labormodell für natürlich vorkommende funktionelle oder endogene Psychosen zu schaffen. Sie hofften, dass die durch winzige Dosen dieser Substanz ausgelöste «experimentelle Psychose» unvergleichliche Einblicke in die Natur dieser mysteriösen Störungen liefern und neue Behandlungswege eröffnen könnte. Es war plötzlich vorstellbar, dass das Gehirn oder andere Teile des Körpers unter bestimmten Umständen kleine Mengen einer Substanz mit ähnlichen Wirkungen wie LSD produzieren könnten. Das bedeutete, dass Störungen wie die Schizophrenie keine Geisteskrankheiten wären, sondern Stoffwechselanomalien, denen man durch gezielte chemische Maßnahmen entgegenwirken könnte. Das Versprechen dieser Forschung war nichts weniger als die Erfüllung des Traums der biologisch orientierten Mediziner, der Heilige Gral der Psychiatrie – ein Heilmittel für Schizophrenie im Reagenzglas.

LSD wurde auch als außergewöhnliches unkonventionelles Lehrmittel empfohlen, das es klinischen Psychiatern, Psychologen, Medizinstudenten und Krankenschwestern ermöglichen würde, ein paar Stunden in der Welt ihrer Patienten zu verbringen und sie daraufhin besser zu verstehen, mit ihnen effektiver zu kommunizieren und ihre Fähigkeit, ihnen zu helfen, zu verbessern. Tausende von Fachleuten für psychische Gesundheit nutzten diese einmalige Gelegenheit. Diese Experimente brachten überraschende und verblüffende Ergebnisse. Sie lieferten nicht nur tiefe Einblicke in die Welt der psychiatrischen Patienten, sondern revolutionierten auch das Verständnis des Wesens und der Dimensionen der menschlichen Psyche.

Viele fanden, dass das bisherige Modell, das die Psyche auf die postnatale Biographie und das individuelle Unbewusste nach Freud beschränkte, oberflächlich und unzureichend war. Die neue, aus dieser Forschung hervorgegangene Landkarte der Psyche, fügte zwei große transbiographische Bereiche hinzu – die perinatale Ebene, die eng mit der Erinnerung an die biologische Geburt verbunden ist, und die transpersonale Ebene, die die historischen und archetypischen Bereiche des kollektiven Unbewussten beherbergt, wie es sich C.G. Jung vorgestellt hatte. Frühe Experimente mit LSD zeigten, dass die Wurzeln emotionaler und psychosomatischer Störungen nicht auf traumatische Erinnerungen aus der Kindheit und dem Säuglingsalter beschränkt waren, wie die traditionellen Psychiater annahmen, sondern viel tiefer in die Psyche, in die perinatalen und transpersonalen Regionen reichten. Berichte psychedelischer Psychotherapeuten offenbarten das einzigartige Potenzial von LSD als ein mächtiges Werkzeug, das die Möglichkeit bietet, den psychotherapeutischen Prozess zu vertiefen und zu beschleunigen.

Mit LSD als Auslöser wurde es möglich, den Anwendungsbereich der Psychotherapie auf Patientenkategorien zu erweitern, die sich bis dahin schwer erreichen ließen – Menschen mit sexuellen Abweichungen, Alkoholiker, Drogenabhängige und kriminelle Rückfalltäter. Besonders wertvoll und vielversprechend waren die frühen Versuche der Psychotherapie mit LSD in der Arbeit mit Krebspatienten im Endstadium. Die Forschung an dieser Bevölkerungsgruppe zeigte, dass LSD in der Lage war, starke Schmerzen zu lindern, oft sogar bei Patienten, die auf eine medikamentöse Behandlung mit Narkotika nicht ansprachen. Bei einem großen Prozentsatz dieser Patienten war es auch möglich, schwierige emotionale und psychosomatische Symptome, wie Depressionen, allgemeine Anspannung und Schlaflosigkeit, zu lindern oder sogar zu heilen, die Angst vor dem Tod zu vermindern, die Lebensqualität während der verbleibenden Tage zu erhöhen und die Erfahrung des Sterbens positiv zu verändern.

Universal Mother, Gemälde der visionären Künstlerin Martina Hoffmann

Für Kunsthistoriker und -kritiker boten die LSD-Experimente ungewöhnliche neue Einblicke in die Psychologie und Psychopathologie der Kunst, insbesondere verschiedener moderner Bewegungen, wie dem Abstraktionismus, dem Kubismus, dem Surrealismus und dem phantastischen Realismus, und in Gemälde und Skulpturen verschiedener indigener, sogenannter «primitiver» Kulturen. Für professionelle Maler, die an der LSD-Forschung teilnahmen, bedeutete die psychedelische Sitzung oft eine einschneidende Veränderung ihres künstlerischen Ausdrucks. Ihre Vorstellungskraft wurde gehaltvoller, ihre Farben lebendiger und ihr Stil wesentlich freier. Oft erlangten sie auch Zugang zu entlegenen Winkeln ihrer unbewussten Psyche, und sie konnten archetypische Inspirationsquellen anzapfen. Gelegentlich waren Menschen, die noch nie zuvor gemalt hatten, in der Lage, außergewöhnliche Kunstwerke zu schaffen.

Ralph Metzner, Timothy Leary und Richard Alpert (Ram Dass),1965

Die LSD-Experimente lieferten auch faszinierende Beobachtungen, die für spirituelle Lehrer und Gelehrte der vergleichenden Religionswissenschaft von großem Interesse waren. Die häufig in LSD-Sitzungen beobachteten mystischen Erfahrungen boten ein völlig neues Verständnis unzähliger Phänomene aus der Welt der Religion, einschließlich des Schamanismus, der Übergangsriten, der alten Mysterien von Tod und Wiedergeburt, der östlichen spirituellen Philosophien und der mystischen Traditionen der Welt. Die Tatsache, dass LSD und andere psychedelische Substanzen in der Lage waren, eine ganze Bandbreite spiritueller Erfahrungen auszulösen, wurde zum Gegenstand heftiger wissenschaftlicher Diskussionen. Sie drehten sich um das faszinierende Problem des Wesens und des Wertes dieser «unmittelbaren» oder «chemischen Mystik», die LSD-Forschung schien auf dem besten Weg zu sein, all die genannten Versprechungen und Erwartungen zu erfüllen, als sie durch das unkontrollierte Massenexperimentieren der jungen Generation plötzlich unterbrochen wurde. In der berüchtigten Harvard-Affäre verließen Timothy Leary, Richard Alpert und Ralph Metzner die Universität (Leary und Alpert gaben ihre Lehraufträge auf, und Metzner verlor ein Stipendium), nachdem sie übereifrig LSD und Psilocybin propagiert hatten. Die darauffolgenden repressiven, administrativen, rechtlichen und politischen Maßnahmen hatten nur wenig Einfluss auf den Straßenkonsum von LSD und

Timothy Leary, Ralph Metzner und Richard Alpert
The Psychedelic Experience: A Manual Based on the Tibetan Book of the Dead, USA 1964

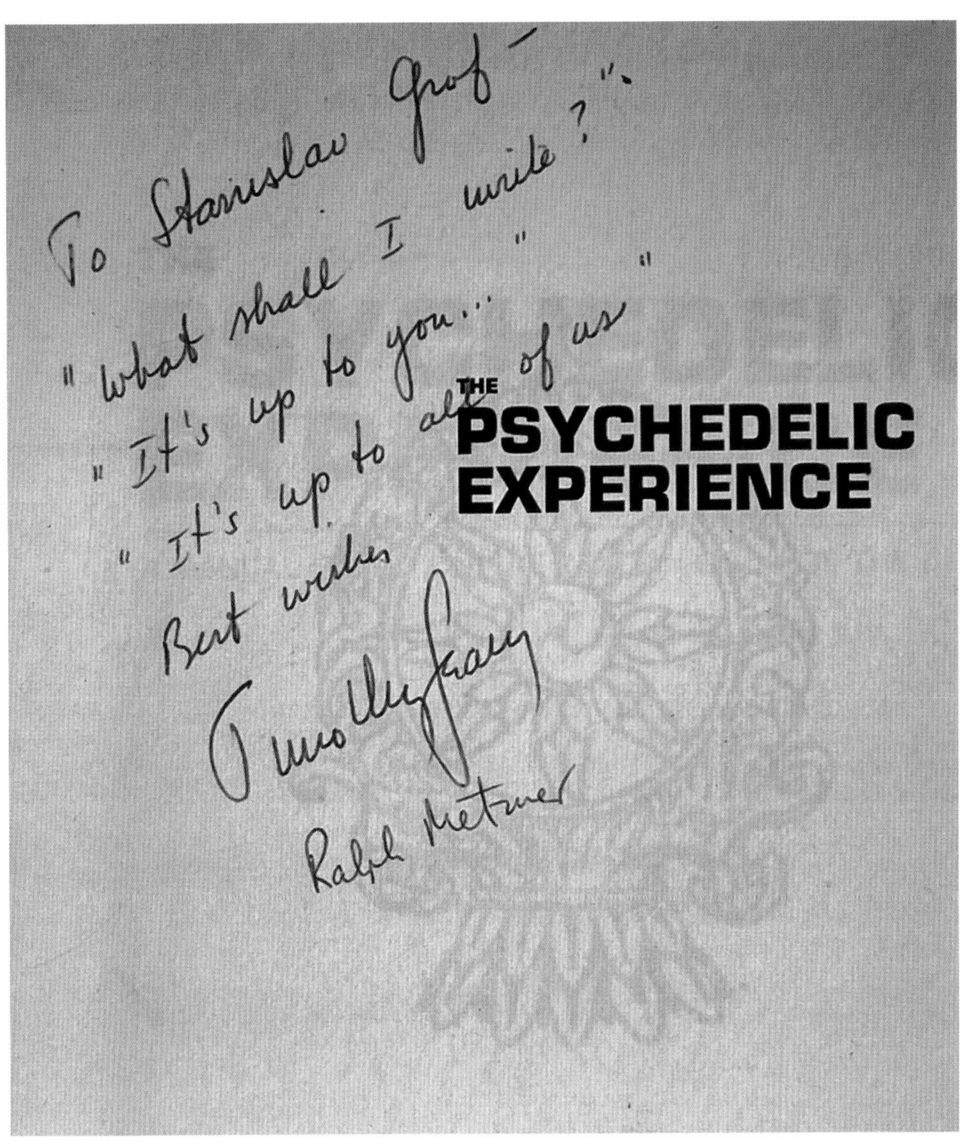

Persönliche Widmung von Timothy Leary und Ralph Metzner für Stan Grof

Initiationszeremonie, Kwakiutl-Indianer, Nordpazifikküste

anderen Psychedelika, aber sie beendeten drastisch die legitime klinische Forschung. Doch während die mit dieser Entwicklung verbundenen Probleme von sensationslüsternen Journalisten überproportional aufgebauscht wurden, war dies nicht der einzige Grund, warum LSD und andere Psychedelika von der europäisch-amerikanischen Kultur abgelehnt wurden. Ein wichtiger Einflussfaktor war auch die Einstellung der technologischen Gesellschaften zu außergewöhnlichen Bewusstseinszuständen.

Wie ich bereits erwähnt habe, haben alle antiken und vorindustriellen Gesellschaften diese Zustände hoch geschätzt, seien sie durch psychedelische Pflanzen oder durch eine der vielen hochwirksamen nicht-medikamentösen «Technologien des Heiligen» hervorgerufen – Fasten, Schlafentzug, soziale und sensorische Isolation, Tanzen, Singen, Musik, Trommeln oder körperliche Schmerzen. Mitglieder dieser sozialen Gruppen hatten die Gelegenheit, wiederholt außergewöhnliche Bewusstseinszustände in einer Vielfalt sakraler und weltlicher Zusammenhänge zu erleben. Im Vergleich dazu haben die industriellen Zivilisationen außergewöhnliche Zustände pathologisiert, wirksame Mittel zu ihrer Unterdrückung entwickelt, falls sie spontan auftreten sollten, und die Rahmenbedingungen und Werkzeuge zur Erleichterung dieser Zustände abgelehnt oder sogar verboten. Aufgrund der daraus entstandenen Naivität und Ignoranz gegenüber außergewöhnlichen Zuständen war die westliche Kultur nicht vorbereitet, um die ungewöhnlichen bewusstseinsverändernden Eigenschaften und die Kraft des LSD und anderer Psychedelika zu akzeptieren und zu integrieren.

Das plötzliche Eindringen des dionysischen Elements aus den Tiefen des Unbewussten und den Höhen des Überbewussten war zu bedrohlich für die puritanischen Werte der europäisch-amerikanischen Gesellschaft. Darüber hinaus stellte der irrationale und transrationale Charakter der psychedelischen Erfahrungen die Grundlagen des materialistischen Weltbilds der westlichen Wissenschaft ernsthaft in Frage. Die Existenz und der Charakter dieser Erfahrungen ließen sich nicht im Sinnzusammenhang der traditionellen Theorien erklären und untergruben massiv die metaphysischen Annahmen zum Vorrang der Materie über das Bewusstsein, auf denen die westliche Kultur aufgebaut ist. Sie bedrohten auch den Leitmythos der industriellen Welt, indem sie aufzeigten, dass wahre Erfüllung nicht aus dem Erreichen materieller Ziele erwächst, sondern aus einer tiefen mystischen Erfahrung.

Nicht nur die Kultur als Ganzes war unvorbereitet auf die psychedelische Erfahrung, sondern auch die helfenden Berufe. Für die meisten Psychiater und Psychologen bestand Psychotherapie aus disziplinierten Gesprächen von Angesicht zu Angesicht oder freiem Assoziieren auf der Couch. Die intensiven Emotionen und tiefgreifenden körperlichen Erscheinungsformen in psychedelischen Sitzungen schienen ihnen zu nahe an dem zu sein, was sie gewohnheitsmäßig mit Psychopathologie in Verbindung brachten. Es fiel ihnen schwer, sich vorzustellen, dass solche Zustände heilend und transformativ sein könnten. Infolgedessen schenkten sie den Berichten über die ungewöhnliche Kraft der psychedelischen Psychotherapie, die von jenen Kollegen, die den Mut und die Risikobereitschaft zur Durchführung einer solchen Therapie aufbrachten, oder von ihren Klienten kamen, kein Vertrauen.

Um die Situation noch komplizierter zu machen, waren viele der Phänomene, die in psychedelischen Sitzungen auftraten, im Rahmen der Theorien, die das

Stan Grof während eines Vortrages zur perinatalen Ebene der Psyche, Grof Training, New Mexico 2010

akademische Denken beherrschen, nicht zu verstehen. Die Möglichkeit, die Geburt oder Episoden aus dem embryonalen Leben wiederzuerleben, genaue Informationen über die Weltgeschichte und Mythologie aus dem kollektiven Unbewussten zu erhalten, das Erleben archetypischer Realitäten und karmischer Erinnerungen oder das Erfassen zurückliegender Ereignisse in außerkörperlichen Zuständen waren einfach zu unwahrscheinlich, um für einen durchschnittlichen Fachmann glaubhaft zu sein. Doch diejenigen von uns, die die Chance hatten, mit LSD zu arbeiten und bereit waren, unser theoretisches Verständnis der Psyche und unsere praktische Herangehensweise an die Therapie radikal zu ändern, konnten das große Potenzial der Psychedelika sehen und wertschätzen, sowohl als Therapiewerkzeuge wie auch als Substanzen von außerordentlichem heuristischen Wert.

In einem meiner frühen Bücher deutete ich an, dass die potenzielle Bedeutung von LSD und anderen Psychedelika für die Psychiatrie und Psychologie vergleichbar sei mit dem Wert des Mikroskops für die Biologie und Medizin oder des Teleskops für die Astronomie. Meine späteren Erfahrungen mit Psychedelika haben diesen ersten Eindruck nur bestätigt. Diese Substanzen wirken als unspezifische Verstärker, die die *Kathexis* (energetische Ladung) erhöhen, die mit den tiefen unbewussten Inhalten der Psyche verbunden ist und sie für die bewusste Verarbeitung verfügbar machen. Diese einzigartige Eigenschaft der Psychedelika ermöglicht es, psychologische Grundströmungen, die unser Erleben und Verhalten steuern, in einer Tiefe zu erforschen, die von keiner anderen Methode und keinem anderen Werkzeug der modernen konventionellen Psychiatrie und

Psychologie erreicht wird. Darüber hinaus bietet sie einzigartige Möglichkeiten der Heilung emotionaler und psychosomatischer Störungen, der positiven Persönlichkeitstransformation und Bewusstseinsentwicklung.

Natürlich sind derartig mächtige Werkzeuge mit größeren Risiken verbunden als die von der konventionellen Psychiatrie akzeptierten und eingesetzten konservativen und weit weniger wirksamen Mittel, wie zum Beispiel die Gesprächspsychotherapie oder beruhigende Medikamente. Die verantwortungsbewusste klinische Forschung hat gezeigt, dass diese Risiken durch den verantwortungsvollen Einsatz und die sorgfältige Kontrolle des Sets und Settings verringert werden können. Allerdings stammten die Informationen der auf den unbeaufsichtigten Massengebrauch von Psychedelika reagierenden Gesetzgeber nicht aus wissenschaftlichen Publikationen, sondern aus den Geschichten sensationslüsterner Journalisten. Die gesetzlichen und administrativen Sanktionen gegen Psychedelika hielten nicht von Laienexperimenten ab, aber sie beendeten jede legitime wissenschaftliche Forschung zu diesen Substanzen. Durch eine unglückliche Kombination von Umständen wurde Albert Hofmanns Wunderkind zu einem «Problemkind».

Für diejenigen von uns, die das Privileg hatten, das außergewöhnliche Potenzial der Psychedelika zu erforschen und zu erleben, war dies ein tragischer Verlust für die Psychiatrie, Psychologie und Psychotherapie. Wir hatten das Gefühl, dass durch diese unglücklichen Entwicklungen die wahrscheinlich wichtigste Chance in der Geschichte dieser Disziplinen vertan wurde. Wäre es möglich gewesen, die unnötige Massenhysterie zu vermeiden und die verantwortungsvolle Erforschung der Psychedelika fortzusetzen, hätten sie die Theorie und Praxis der Psychiatrie grundlegend verändern können. Diese Forschung hätte ein neues Verständnis der Psyche und des Bewusstseins bewirkt, das zu einem integralen Bestandteil eines umfassenden neuen naturwissenschaftlichen Paradigmas des 21. Jahrhunderts werden könnte.

Die LSD-Forscher reagierten auf unterschiedliche Weise auf die rechtlichen und politischen Sanktionen gegen Psychedelika. Einige von ihnen akzeptierten sie zähneknirschend und kehrten nur widerwillig zu den üblichen therapeutischen Praktiken zurück, die ihnen nun langweilig und schrecklich unwirksam erschienen. Einige wenige von uns versuchten, nicht-medikamentöse Methoden zu entwickeln, um außergewöhnliche Bewusstseinszustände hervorzurufen, mit einem vergleichbaren Erfahrungsspektrum und Heilungspotenzial wie Psychedelika. Es gab auch diejenigen, die den außerordentlichen Nutzen der Psychotherapie mit LSD sahen und beschlossen, das Wohlergehen ihrer Klienten nicht einer

Stan Grof zu Besuch im Labor des Biochemikers und Psychopharmakologen Alexander «Sasha» Shulgin, 2009

irrationalen und wissenschaftlich unbegründeten Gesetzgebung zu opfern und ihre Arbeit im Geheimen fortzusetzen. Zusätzlich zum therapeutischen Wert der Psychedelika waren sich viele dieser Fachleute auch des entheogenen Potenzials dieser Substanzen bewusst. Aus diesem Grund verstanden sie ihre Arbeit mit LSD nicht nur als therapeutische Praxis, sondern im besten Sinne des Wortes auch als religiöse Handlung. Unter diesem Blickwinkel erschienen die gesetzlichen Sanktionen gegen Psychedelika nicht nur unbegründet und fehlgeleitet, sondern stellten auch eine ernsthafte Verletzung der von der amerikanischen Verfassung garantierten Religionsfreiheit dar.

In der Gegenwart, nachdem mehr als drei Jahrzehnte seit der tatsächlichen Beendigung der offiziellen LSD-Forschung vergangen sind, kann ich versuchen, die Vorgeschichte dieser Substanz zu bewerten und einen Blick in ihre Zukunft zu werfen. Nachdem ich persönlich in den letzten 50 Jahren mehr als 4000 psychedelische Sitzungen durchgeführt habe, habe ich große Ehrfurcht und Respekt vor diesen Substanzen und ihrem enormen positiven wie auch negativen Potenzial entwickelt. Sie sind mächtige Werkzeuge, und wie jedes Werkzeug können sie gekonnt, ungeschickt oder zerstörerisch eingesetzt werden. Das Ergebnis hängt wesentlich von Set und Setting ab.

Die Frage, ob LSD eine überragende Medizin oder eine Teufelsdroge ist, macht so wenig Sinn wie eine ähnliche Frage nach dem positiven oder negativen

Potenzial eines Messers. Natürlich werden wir von einem Chirurgen, der sein Urteil auf erfolgreiche Operationen stützt, und von einem Polizeichef, der die mit Messern begangenen Morde in den Hinterhöfen von New York City untersucht, jeweils ganz unterschiedliche Berichte erhalten. Ebenso würde es wenig Sinn machen, die Nützlichkeit und Gefahren eines Messers zu beurteilen, indem man Kinder beobachtet, die damit ohne entsprechende Reife und Geschicklichkeit spielen. Ähnlich unterschiedlich wird das Bild von LSD ausfallen, wenn wir uns mit den Ergebnissen eines verantwortungsvollen klinischen oder spirituellen Gebrauchs, naiven und unvorsichtigen Massenselbstversuchen der jungen Generation oder mit bewusst zerstörerischen Experimenten der Armee oder der CIA befassen.

Solange nicht klar verstanden wird, dass die Ergebnisse der Verabreichung von Psychedelika entscheidend von den Faktoren des Set und Setting beeinflusst werden, gibt es keine Hoffnung auf rationale Entscheidungen hinsichtlich der Richtlinien zu psychedelischen Drogen. Ich glaube fest daran, dass Psychedelika so eingesetzt werden können, dass der Nutzen die Risiken bei weitem überwiegt. Das wurde über Jahrtausende hinreichend durch den rituellen und spirituellen Einsatz von Psychedelika durch Generationen von Schamanen, einzelne Heiler und ganze Ureinwohnerkulturen bewiesen.

Allerdings hat die westliche Industriezivilisation bisher fast alle ihre Entdeckungen missbraucht, und es gibt nicht viel Hoffnung, dass Psychedelika eine Ausnahme sein werden, es sei denn, wir erheben uns als Gruppe auf eine höhere Ebene des Bewusstseins und der emotionalen Reife.

Ob Psychedelika in die Psychiatrie zurückkehren und wieder Teil des therapeutischen Fundus' werden, ist ein komplexes Problem, und dessen Lösung wird wahrscheinlich nicht nur von den Ergebnissen der wissenschaftlichen Forschung, sondern auch von einer Vielzahl politischer, rechtlicher, wirtschaftlicher und massenpsychologischer Faktoren bestimmt werden.

Ich glaube jedoch, dass die westliche Gesellschaft derzeit viel besser gerüstet ist, um Psychedelika anzuerkennen und zu integrieren als noch in den 1950ern. Zu der Zeit, als Psychiater und Psychologen begannen, mit LSD zu experimentieren, beschränkte sich die Psychotherapie auf den verbalen Austausch zwischen Therapeut und Klienten. Intensive Emotionen und aktives Verhalten wurden als «Ausleben» bezeichnet und als Verstöße gegen die therapeutischen Grundregeln angesehen. Psychedelische Sitzungen standen auf der anderen Seite des Spektrums und riefen dramatische Emotionen, psychomotorische Erregung und lebhafte Wahrnehmungsveränderungen hervor. Sie schienen also eher Zustände zu sein, die Psychiater als pathologisch betrachteten und mit allen Mitteln zu unterdrücken versuchten, als Zustände, denen man therapeutisches Potenzial zuschreiben würde. Das spiegelte sich in den Begriffen «Halluzinogene», «Delirogene», «Psychotomimetika» und «experimentelle Psychosen», die zunächst für Psychedelika und die durch sie ausgelösten Zustände verwendet wurden. Jedenfalls ähnelten psychedelische Sitzungen eher Szenen aus anthropologischen Filmen über Heilungsrituale «primitiver» Kulturen und anderen Zeremonien als denen, die man in der Praxis eines Psychoanalytikers erwartete.

Darüber hinaus schienen viele der Erfahrungen und Beobachtungen aus psychedelischen Sitzungen das von der kartesisch-Newtonschen Wissenschaft entwickelte und als genaue und endgültige Beschreibung der «objektiven Realität» geltende Bild der menschlichen Psyche und des Universums ernsthaft in Frage zu stellen. Psychedelische Probanden berichteten von der erfahrungsorientierten Identifikation mit anderen Menschen, Tieren und verschiedenen Aspekten der Natur, während derer ihnen neue Informationen über Bereiche zuteilwurden, über die sie zuvor kein intellektuelles Wissen hatten. Das Gleiche galt für erfahrungsorientierte Ausflüge in das Leben ihrer menschlichen und tierischen Vorfahren sowie rassische, kollektive und karmische Erinnerungen.

Gelegentlich stammten diese neuen Informationen aus Erfahrungen, die das Wiedererleben der biologischen Geburt und Erinnerungen an das vorgeburtliche Leben, Begegnungen mit archetypischen Wesen und Besuche mythologischer Reiche verschiedener Kulturen der Welt beinhalteten. Bei außerkörperlichen Erfahrungen waren die Versuchspersonen in der Lage, zurückliegende Ereignisse an Orten außerhalb der Reichweite ihrer Sinne zu beobachten und genau zu beschreiben. Keines dieser Vorkommnisse wurde im Rahmen der traditionellen materialistischen Wissenschaft für möglich gehalten, und doch wurden sie in psychedelischen Sitzungen oft beobachtet. Das verursachte natürlich großen konzeptionellen Aufruhr und Verwirrung in den Köpfen der konventionell ausgebildeten Versuchsleiter. Unter diesen Umständen entschieden sich viele Fachleute, diesem Bereich fernzubleiben, um ihr wissenschaftliches Weltbild zu bewahren und ihren gesunden Menschenverstand und ihre Vernunft zu schützen.

Die letzten drei Jahrzehnte brachten viele revolutionäre Veränderungen, die das Klima in der Welt der Psychotherapie tiefgreifend beeinflusst haben. Die Humanistische und Transpersonale Psychologie haben wirkungsvolle erfahrungsorientierte Methoden entwickelt, die Wert auf die tiefe Regression, den direkten Ausdruck intensiver Emotionen und die zur Freisetzung physischer Energien führende Körperarbeit legen. Zu diesen neuen Ansätzen der Selbsterforschung gehören Gestaltpraxis, Bioenergetik und andere Neo-Reichianische Methoden, Ur-Therapie, Rebirthing und Holotropes Atmen. Die inneren Erfahrungen und äußeren Erscheinungsformen sowie die therapeutischen Methoden dieser Behandlungsweisen ähneln sehr stark denen in psychedelischen Sitzungen. Diese nicht-medikamentösen therapeutischen Methoden umfassen ein ähnliches Erfahrungsspektrum sowie vergleichbare konzeptionelle Herausforderungen. Daher wäre für die in dieser Richtung arbeitenden Therapeuten die Einführung von Psychedelika eher der nächste logische Schritt und keine drastische Veränderung in ihrer Praxis.

Stan Grof und Fritz Perls in Esalen, 1965

Auch in der Kultur als Ganzes gibt es ermutigende Zeichen. Zum Beispiel zeigen Graswurzelbewegungen (Anm. Basisbewegungen) rund um Geburt und Tod eine wachsende Unzufriedenheit mit der Verharmlosung beeindruckender Erlebnisse auf. Hebammen können sich heute staatlich zertifizieren lassen, und Hausgeburten werden immer beliebter, während sie in den 1950er Jahren als rückständig oder primitiv galten. Menschen können dank der Hospizbewegung wählen, zu Hause zu sterben anstatt in einer sterilen Krankenhausumgebung. Vormals ausgefallene Heiltechniken wie Massage und Akupunktur sind weithin akzeptiert, sogar von den Krankenversicherungen. Östliche spirituelle Praktiken sind in das öffentliche Leben der westlichen Kultur eingezogen, Meditationszentren und Yogaschulen sind in jeder größeren Stadt zu finden. Die Vorherrschaft der traditionellen Medizin mit ihrer festen Trennung von Körper und Geist wird zunehmend suspekt, und die Menschen suchen nach ganzheitlichen Alternativen. Diese Veränderungen könnten ein Zeichen dafür sein, dass die Gesellschaft heute eher bereit für Psychedelika ist.

Darüber hinaus ist das kartesisch-Newtonsche Denken in der Wissenschaft, das sich in den 1960er Jahren großer Autorität und Beliebtheit erfreute, zunehmend durch erstaunliche Entwicklungen in zahlreichen Fachrichtungen schrittweise untergraben worden. Das ist in einem solchen Ausmaß geschehen, dass immer mehr Wissenschaftler ein dringendes Bedürfnis nach einer völlig anderen Weltanschauung, einem neuen wissenschaftlichen Paradigma verspüren.

Herausragende Beispiele dieser Entwicklung sind die philosophischen Folgen der quantenrelativistischen Physik, David Bohms Theorie der Holobewegung, Karl H. Pribrams holographische Theorie des Gehirns, Ilya Prigogines Theorie der dissipativen Strukturen, Rupert Sheldrakes Theorie der morphogenetischen Felder, Gregory Batesons brillante Synthese von System- und Informationstheorie, Kybernetik, Anthropologie und Psychologie, und insbesondere Ervin Lászlós Konzept des Akasha-Feldes, seine Konnektivitätshypothese und seine «integrale Theorie von allem». Es ist sehr ermutigend zu sehen, dass all diese neuen Entwicklungen, die in unüberbrückbarem Widerspruch zur traditionellen Wissenschaft stehen, mit den Erkenntnissen der psychedelischen Forschung und mit der Transpersonalen Psychologie vereinbar zu sein scheinen.

Noch ermutigender als die Veränderungen im allgemeinen wissenschaftlichen Klima ist die Tatsache, dass in einigen Fällen Forscher der jüngeren Generation in den Vereinigten Staaten und anderen Ländern in den letzten Jahren die offizielle Erlaubnis zur psychedelischen Therapie mit LSD, Psilocybin, N,N-Dimethyltryptamin (DMT), 3,4-Methylendioxy-N-methylamphetamin (MDMA) und Ketamin erhalten haben. Ich hoffe, dass dies der Beginn eines Wiederauflebens des Interesses an der psychedelischen Forschung ist, die schließlich diese außergewöhnlichen Werkzeuge wieder in die Hände verantwortungsvoller Therapeuten zurückbringen wird. Ich persönlich glaube, dass LSD in der Zukunft als eine der einflussreichsten Entdeckungen des 20. Jahrhunderts gelten wird und dass Albert Hofmanns «Sorgenkind» wieder – wie es schon immer hätte sein sollen – als ein «Wunderkind» gesehen wird, das in einer dysfunktionalen Gesellschaft aufwachsen musste.

Ich möchte dieses Vorwort mit einer persönlichen Bemerkung beenden. Es zu schreiben, gibt mir die Gelegenheit, Albert Hofmann meine tiefe Dankbarkeit für alles auszudrücken, was seine Entdeckung in mein persönliches und berufliches Leben und in das Leben unzähliger anderer brachte, die sein Geschenk verantwortungsvoll und mit dem Respekt nutzten, den dieses außergewöhnliche Werkzeug verdient. Ich hatte das Privileg, Albert persönlich zu kennen und ihn wiederholt bei verschiedenen Gelegenheiten zu treffen. Im Laufe der Jahre habe ich große Zuneigung und tiefe Bewunderung für ihn entwickelt, nicht nur als herausragenden Wissenschaftler, sondern auch als außergewöhnlichen Menschen. Nach einem annähernd ganzen Jahrhundert eines vollen, gesegneten und produktiven Lebens strahlt er eine erstaunliche Vitalität, Neugierde und Liebe für die gesamte Schöpfung aus.

Eine weitere Gelegenheit, Albert zu treffen, hatte ich bei meinem kürzlichen Besuch in der Schweiz, wo ich ein Fortbildungsmodul zum Holotropen Atmen

Der Schweizer phantastische Realist Hansruedi Giger führt Albert Hofmann und Stan Grof durch sein Museum in Gruyères, 2005

mit dem Titel *Fantastische Kunst* unterrichtete. Es fand im HR-Giger-Museum in Gruyère statt, und Albert kam als Ehrengast. Nach dem gemeinsamen Mittagessen und einer Führung durch das Museum, bei der er drei Stockwerke mit steilen Treppen bewältigte, setzte er sich mit unserer Gruppe zu einer Diskussion zusammen, die in seine leidenschaftliche Apotheose der Schönheit und des Geheimnisses der Schöpfung überging. Er sprach über die wundersame Chemie, aus der die Pigmente hervorgerufen werden, die für die Farben der Blumen und Schmetterlingsflügel verantwortlich sind, über die Dankbarkeit, die er dafür empfand, am Leben zu sein und am Bewusstsein teilzuhaben, und über die Notwendigkeit, die Schöpfung in ihrer Gesamtheit anzunehmen, einschließlich ihrer Schattenseite, denn ohne Polarität hätte das Universum, in dem wir leben, nicht erschaffen werden können.

Als er ging, hatten wir alle das Gefühl, dass wir gerade einem Darshan eines spirituellen Lehrers beigewohnt hatten. Es war klar, dass Albert der Gruppe der großen Wissenschaftler angehörte – wie Albert Einstein und Isaac Newton – denen das konsequente Verfolgen ihrer Disziplin die Erkenntnis der wunderbaren göttlichen Ordnung einbrachte, die der Welt der Materie und der Naturphänomene zugrunde liegt.

Vorwort von Stanislav Grof
zu Albert Hofmann: *LSD – Mein Sorgenkind**

* *LSD My Problem Child,* MAPS Edition 2005/2009

Albert Hofmann vier Monate vor seinem Tod, Januar 2008

Bildergalerie

Stan, Brigitte und Rick Tarnas. China, Januar 2016

Holotropes-Atmen-Gruppe, China, Januar 2016

Referate über Kunst, ITA-Konferenz, Prag, September 2017

Brigitte, Stan, Paul Grof und Mary Pearson in Prag 2017

Javier Charme, Stan Grof, Brigitte Grof und Viktoria Luchetti, Seminar in Argentinien, Februar 2018

California Institute of Integral Studies

The Trustees of the University upon the recommendation of the Faculty

hereby confer upon

STANISLAV GROF

the degree of

Doctor of Humane Letters

Psychedelic Therapy and Healing Arts

Honoris Causa

by virtue of exemplary fulfillment of all requirements prescribed therefor
together with all the rights and privileges pertaining thereto.

Given at San Francisco, this Nineteenth day of May, Two Thousand Eighteen

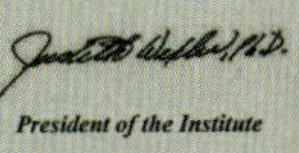

President of the Institute

Chair, Board of Trustees

Stan erhält die Ehrendoktorwürde vom CIIS , San Francisco, Mai 2018

Stan und Brigitte in Esalen, Mai 2018

Workshop Holotropes Atmen und *Gender Reconciliation* in Esalen mit Diane Haug, Will Keepin, Cynthia Brix, Stan and Brigitte Grof, Mai 2018

Stan beim Signieren seiner
Psychonauten-Bücher
in Mill Valley, Kalifornien, 2019

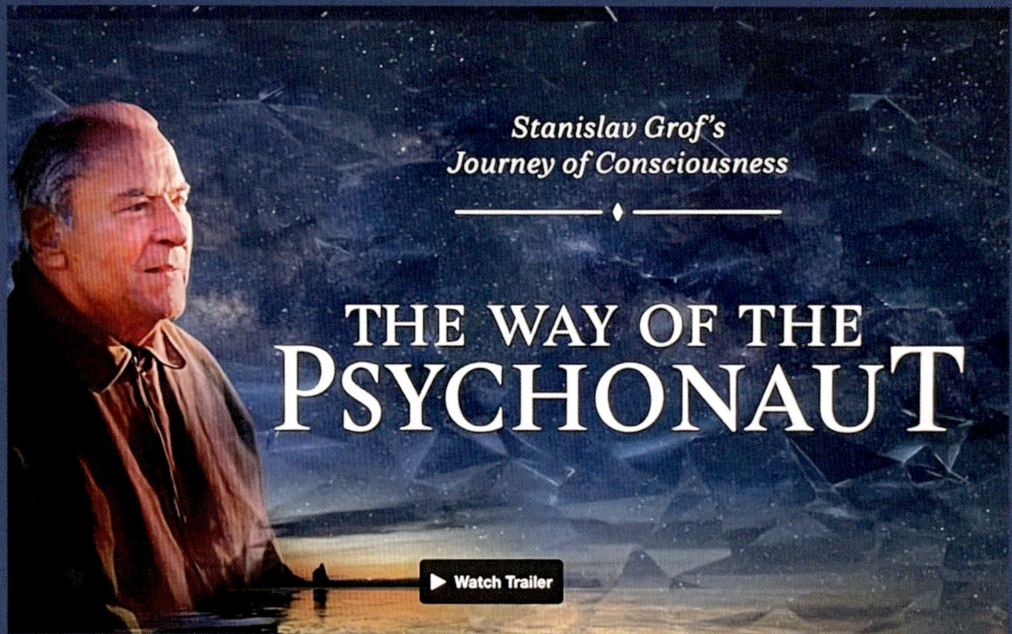

Start des Films *The Way of the Psychonaut*, San Francisco, August 2019

Filmemacherin Susan Hess Logeais und Stan Grof bei der Arbeit am Dokumentarfilm *The Way of the Psychonaut*, Mill Valley 2018

Am Symposium 75 Jahre LSD in Münchenstein bei Basel, Schweiz 2018

Start des neuen internationalen Grof® Legacy Trainings, Mai 2020

Jack Kornfield, Brigitte und Stan Grof, 2016

Besuch bei Ram Dass in Maui, 2016

Sandy und Michael Harner mit Stan, Mill Valley, Kalifornien 2016

Rick Tarnas, Brigitte und Stan Grof, Kalifornien 2016

Stan Grof und Jack Kornfield, Kalifornien, August 2016

Rick Doblin zu Besuch bei Stan und Brigitte in ihrem Haus in Mill Valley, Kalifornien 2019

Paul und Stan Grof, Mill Valley, August 2018

Stan in Big Sur, 2017

Stan in Prag, 2017

Stan in Peru, 2018

Stan auf der Osterinse, 2016

公共

Stan in China, 2015

Stan ist Liebe, *Stan is love* – Stanislav!

Meine Erkundungen von LSD:
Von der Pharmakologie zu den Archetypen

Stan Grof über sein Lebenswerk
Gespräch mit Brigitte Grof

Stan Grof in Esalen, 2018

Brigitte: **Stan, deine beiden Bände *Der Weg des Psychonauten* sind ein Kompendium von mehr als 60 Jahren deiner Forschung mit LSD. Als du anfingst, war die Substanz neu, und man wusste fast nichts über sie. Als das neue Verständnis von LSD aufkam, war es notwendig, eine Reihe von Bereichen des alten Paradigmas der Psychiatrie zu verändern und zu ergänzen. Im Laufe der Zeit wurde es auch notwendig, das eigene Verständnis über die Wirkungen von LSD laufend zu revidieren. Es wäre interessant, diese Etappen, so wie du sie verstehst, Revue passieren zu lassen.**

Stan: Ich interessiere mich seit mehr als 65 Jahren, also mein ganzes Erwachsenenleben lang, für die Wirkungen psychedelischer Substanzen und anderer außergewöhnlicher Bewusstseinszustände und erforsche sie. Mein Verständnis von LSD hat sich im Laufe dieser Jahre mehrmals drastisch verändert. Kannst du dir vorstellen, wie es war, als uns diese neue, außergewöhnliche Substanz von ungeheurer Potenz in den Schoß fiel? LSD war eine völlig neue Substanz, die zum ersten Mal durch chemische Synthese hergestellt wurde. Soweit wir wissen, kommt LSD in der Natur nirgendwo in reiner Form vor – obwohl es aus den

Mutterkornalkaloiden des Pilzes *Claviceps purpurea* gewonnen werden kann – und seine psychoaktive Kraft ist ohnegleichen. Wir experimentierten mit unseren Patienten und führten Selbstversuche an uns durch; es gab keinen Präzedenzfall für diese Erfahrungen, und jede neue Sitzung stellte eine weitere große Überraschung dar. Wir waren an der Erforschung völlig neuer Welten beteiligt, und das Eintauchen in diese Welten stellte eine Reihe erstaunlicher Abenteuer dar.

Als die Forschungen weitergingen, tauchten neue Entdeckungen auf, die uns zwangen, unsere Perspektiven zu ändern und neue Konzepte zu entwickeln. Die großen Veränderungen in meinem Verständnis von LSD lassen sich in mehrere Zeitabschnitte einteilen:

1. Psychopharmakologische Laborforschung
2. Psycholytische Psychotherapie – Postnatale Erlebnisse und COEX-Systeme
3. Eine neue Kartographie der Psyche – Perinatale Erlebnisse (PGM I-IV)
4. Transpersonale Erlebnisse und Weltmythologie
5. Archetypen und die archetypische Kosmologie

Wie und wann hast du angefangen, mit LSD zu arbeiten?

Im vierten Jahr meines Medizinstudiums arbeitete ich als Freiwilliger in der Psychiatrischen Klinik Prag. Mein Lehrer, Dr. Georg Roubíček, erhielt kostenlos LSD-25 (Delysid®) von Sandoz, der pharmazeutischen Firma aus Basel in der Schweiz. Roubíček war sehr an dieser Substanz interessiert, aber die Sitzungen dauerten etliche Stunden, und er hatte in seinem vollen Terminkalender keine Zeit, seine Klienten persönlich zu begleiten.

Zu meiner großen Enttäuschung durften unsere Medizin- und Psychologiestudenten nicht freiwillig an LSD-Sitzungen teilnehmen wie die Studenten an der Harvard-Universität. Doch Roubíček fand großen Gefallen daran, seine Studenten als Aushilfskräfte einzustellen. In den letzten beiden Jahren meines Studiums verbrachte ich meine Freizeit in der Psychiatrischen Klinik und half bei den LSD-Sitzungen, beaufsichtigte seine Versuchspersonen und schrieb Notizen über die Sitzungen. Unter den Probanden waren Psychiater und Psychologen, Künstler, Philosophen und Wissenschaftler. Als ich ihren phantastischen Geschichten zuhörte, war ich zutiefst beeindruckt und konnte es kaum erwarten, Hofmanns «Elixier» selbst erleben zu können.

Wann bist du endlich dazu gekommen, selbst eine LSD-Sitzung zu erleben?

Ich erlebte meine erste LSD-Sitzung am 13. November 1956. Dr. Roubíček interessierte sich damals sehr für die Elektroenzephalographie (EEG), genauer gesagt

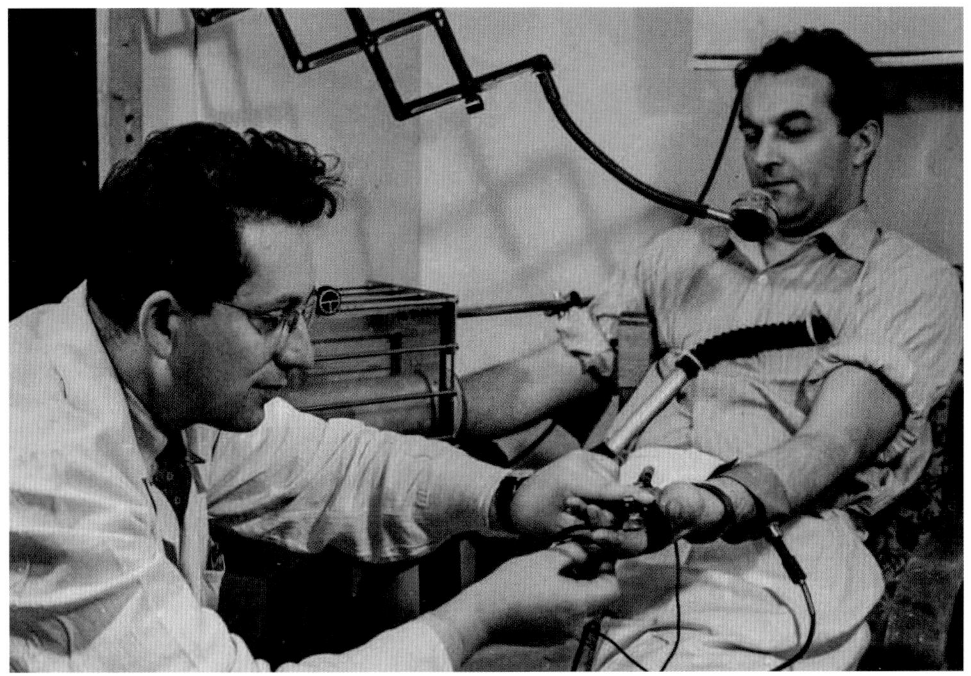

Miloš Vojtěchovský, ein Psychiater und Pharmakologe, bereitet Stanislav Grof für ein LSD-Experiment im Pharmakologischen Institut in Prag Krč vor, 1956

für das «Antreiben der Gehirnwellen». Bei diesem Experiment wurden die Patienten starkem Stroboskoplicht mit unterschiedlichen Frequenzen ausgesetzt, um herauszufinden, ob dies die Hirnströme im subokzipitalen Bereich beeinflussen würde. Dr. Roubíček bat alle Freiwilligen, die LSD erleben wollten, um ihr Einverständnis mit dieser Prozedur vor, während und nach ihren Sitzungen. Mein Begleiter bei dieser ersten Sitzung war mein jüngerer Bruder Paul, der Medizin studierte und sich auch sehr für Psychiatrie interessierte. Wir begannen das Experiment um acht Uhr morgens; ich erhielt eine Ampulle Sandoz Delysid®. Etwa 45 Minuten nach der Einnahme begann ich die Wirkung des LSD zu spüren; es war zunächst ein leichtes Unwohlsein, Benommenheit und Übelkeit.

Dann verschwanden diese vegetativen Symptome und wurden durch ein phantastisches Schauspiel bunter, brillanter abstrakter und geometrischer Visionen ersetzt, die sich in schneller kaleidoskopischer Abfolge entfalteten. Einige von ihnen ähnelten erlesenen Glasmalereien, Fenstern in mittelalterlichen gotischen Kathedralen, andere eher den Arabesken muslimischer Moscheen. Um die außerordentliche Natur dieser Visionen zu beschreiben, bezog ich mich auf Scheherazade aus Tausendundeiner Nacht. Damals dachte ich, dass diese Mosaikbilder durch die Struktur der Stäbchen und Zapfen in meiner Netzhaut entstehen. Später, als ich Benoît Mandelbrots Werk las, wurde mir klar, dass meine Psyche eine wilde Anordnung fraktaler Bilder geschaffen hatte, ähnlich den graphischen Darstellungen nichtlinearer Gleichungen, die von modernen Computern erzeugt werden können.

Als die Sitzung weiterging, bewegte sich die Erfahrung tiefer in meine unbewusste Psyche. Es ist schwierig, Worte für die berauschende Fuge von Emotionen, Visionen und erhellenden Einsichten über mein Leben und in die Existenz im Allgemeinen zu finden. Es war so tiefgreifend und erschütternd, dass es sofort mein vorheriges Interesse an der freudschen Psychoanalyse überschattete. Ich konnte nicht glauben, wie viel ich in diesen wenigen Stunden gelernt hatte. Das alles verblasste jedoch, verglichen mit dem, was noch kommen sollte. Zwischen der dritten und vierten Stunde meiner Sitzung, als die Wirkung des LSD ihren Höhepunkt erreichte, erschien Dr. Roubíčeks Forschungsassistentin und verkündete, dass es Zeit für das EEG-Experiment sei. Sie brachte mich in eine kleine Kammer, klebte mir sorgfältig Elektroden auf die Kopfhaut und bat mich, mich hinzulegen und die Augen zu schließen. Dann platzierte sie ein riesiges Stroboskoplicht über meinem Kopf und schaltete es ein.

Diese Kombination aus LSD und stroboskopischem Licht löste in mir eine phänomenale Erfahrung des kosmischen Bewusstseins aus, die mein persönliches und berufliches Leben tiefgreifend veränderte. Ich beschloss, den Rest meines Lebens diesem Phänomen der mystischen Transzendenz zu widmen, das Rudolf Otto als *Mysterium tremendum et fascinans* bezeichnete. Seit dieser Zeit sind die Erforschung und das Studium außergewöhnlicher Bewusstseinszustände mein Beruf, meine Berufung und meine Leidenschaft.

Wir schreiben jetzt das Jahr 2021 und 65 Jahre seit deiner unbeirrten Entscheidung, außergewöhnliche Bewusstseinszustände zu erforschen oder das, was du später als holotrope («Bewegung zur Ganzheit») Zustände bezeichnen solltest – jene Zustände, die ein therapeutisches, transformatives, heuristisches und evolutionäres Potenzial aufweisen. Wie hat deine psychedelische Forschung begonnen?
Als LSD in der wissenschaftlichen Welt auftauchte, dachten die Forscher, das Geheimnis dieser Substanz läge in der Chemie und Pharmakologie. Ich stellte eine Verbindung zu Miloš Vojtěchovský her, einem Psychiater und Pharmakologen, der über mehrere Forschungsinstitute in Prag Krč Zugang zu Psychedelika hatte. Unter seiner Leitung arbeitete ich zusammen mit zwei Biochemikern, Vladimír Vítek und Karel Ryšánek, und der Psychologin Eva Horáčková. Wir luden eine Gruppe von Wissenschaftlern ein, die an Psychedelika interessiert waren, darunter Psychiater, Psychologen, Pharmakologen, Chemiker und Biologen.

Wir hatten LSD-25 (Delysid®) und Psilocybin von Sandoz in der Schweiz, und Meskalin von Pfizer in Deutschland. Außerdem experimentierten wir mit Psychedelika von sehr kurzer Wirkungsdauer: Adrenochrom und Adrenolutin von Abraham Hoffer und Humphry Osmond aus Kanada sowie N,N-Dimethyl-, N,N-Diethyl- und N,N-Dipropyltryptamin (DMT, DET und DPT), Geschenke des Chemikers und Psychiaters Stephen Szára und seines Kollegen Zoltán Böszörmény aus Budapest in Ungarn.

Unser Projekt umfasste zahlreiche Untersuchungen; wir nahmen zu jeder vollen Stunde Blut- und Urinproben, führten eine Batterie psychologischer Tests, Elektroenzephalographie (EEG), Messungen des Blutdrucks, der Pulsfrequenz, des Hautwiderstands sowie eine Chromatographie durch. Unsere Versuchspersonen blieben einen ganzen Tag lang im Institut und erhielten doppelblind entweder verschiedene psychedelische Substanzen oder ein Placebo. Die Psychedelika von kurzer Wirkungsdauer benötigten entsprechend weniger Testzeit.

Anschließend wählten wir aus der psychiatrischen Abteilung eine Anzahl freiwilliger schizophrener Patienten aus, die hinsichtlich Geschlecht, Alter, IQ und anderen Variablen übereinstimmten, brachten sie für einen Tag in unser Institut und führten mit ihnen dieselben Tests durch. Die Frage war, ob unsere Versuchspersonen während ihrer psychedelischen Sitzungen einige der Parameter zeigen würden, die wir bei unseren schizophrenen Patienten fanden.

Vojtěchovskýs Forschungen trugen zur Kenntnis der Pharmakologie psychedelischer Substanzen bei, aber keine dieser Erkenntnisse hatte irgendeine Relevanz für das Verständnis der Schizophrenie. Set und Setting dieses Projekts konzentrierten sich auf die biologische Erforschung und waren nicht förderlich für die introspektive Beobachtung. Trotzdem konnte ich zwischen den kurzen Testintervallen feststellen, dass unsere Probanden bemerkenswerte Schwankungen in ihren Reaktionen auf die psychedelischen Substanzen zeigten.

Die gleiche Substanz, in der gleichen Dosis und im gleichen Set und Setting, zeigte eine große Bandbreite an Manifestationen. Eine Person erlebte eine Depression, eine andere eine hypomanische Stimmung und war reizbar oder aggressiv. Einige Personen hatten vor allem körperliche Reaktionen, wie extreme Kältegefühle, Übelkeit oder Kopfschmerzen. Die visuellen Erfahrungen bestanden aus optischen Täuschungen, bunten geometrischen Bildern, Synästhesien, Visionen von Erinnerungen aus der Kindheit oder verschiedenen Menschen, Tieren oder Landschaften. Trotz der häufigen Tests und Untersuchungen, die nur wenig Zeit für Innenschau ließen, hatten mehrere Personen Anflüge mystischer Erfahrungen.

Ich entdeckte auch, dass eine Person, die später dieselbe Substanz erneut einnahm, eine ebenso große Bandbreite an intraindividueller Variabilität aufwies. Es ist bekannt, dass die Ergebnisse psychologischer Tests bei Menschen während einer Folge von Wiederholungen im Großen und Ganzen gleich bleiben. Bei der Einnahme von LSD oder Psilocybin, zweimal mit der gleichen Dosis im Abstand von zwei Wochen, konnten die Ergebnisse jedoch völlig unterschiedlich ausfallen. Als Ergebnis dieser Beobachtungen wurde klar, dass wir nicht wirklich Pharmakologie studierten.

Das Vorhandensein von Pharmakologie erfordert eine Vorhersagbarkeit der Ergebnisse bei der Verabreichung bestimmter Substanzen. Wenn wir ein bestimmtes Pharmakon verwenden, zum Beispiel Penicillin, ein Anästhetikum, Apomorphin oder Insulin, erwarten wir ein einheitliches Ergebnis. Bei LSD oder Psilocybin hatten wir keine Ahnung, wie das Ergebnis sein würde. Mir wurde klar, dass es sich bei diesen Medikamenten um Substanzen einer ganz anderen Art handelt als bei den üblichen Pharmaka. In meinem ersten Buch, *Realms of the Human Unconscious,* schrieb ich, dass LSD, richtig eingesetzt, das Potenzial hat, für die Psychiatrie so wichtig zu werden wie das Mikroskop für die Medizin oder das Teleskop für die Astronomie. An diesem Punkt verlor ich das Interesse an der Pharmakologie und beschloss, LSD und Psilocybin in der Psychotherapie und klinischen Forschung zu erkunden.

Dein Interesse verlagerte sich von der Psychoanalyse zu den Psychedelika. Es ist interessant, dass Freud in seiner *Allgemeinen Einführung in die Psychoanalyse* eine Passage geschrieben hat, die sehr interessant ist und in der heutigen Renaissance der Psychedelika-Forschung prophetisch klingt – eine chemische Substanz könnte in Zukunft der Psychoanalyse dazu verhelfen, eine «kausale Therapie im eigentlichen Sinne» zu werden: *«Nehmen Sie nun an, es wäre uns etwa auf chemischem Wege möglich, in dies Getriebe einzugreifen, die Quantität der jeweils vorhandenen Libido zu erhöhen oder herabzusetzen oder den einen Trieb auf Kosten eines anderen zu verstärken, so wäre dies eine im eigentlichen Sinne kausale Therapie, für welche unsere Analyse die unentbehrliche Vorarbeit der Rekognoszierung geleistet hätte»* (Freud 1943, 27. Vorlesung: *Die Übertragung*).

Freud war in vielerlei Hinsicht ein Genie, und diese prophetische Passage ist sicherlich bemerkenswert. Ich werde später darauf eingehen, wie die Psychotherapie mit LSD Freuds bahnbrechende Ideen stark erweitern und vertiefen kann. Meine anfängliche psychedelische Therapie war von den Erkenntnissen der Psychoanalyse inspiriert; diese Methode wurde *psycholytische Therapie* genannt, ein Begriff, der von

Ronald A. Sandison in England geprägt wurde und wörtlich «seelenlösend» oder «Konflikte im Geist lösend» bedeutet. Der psycholytische Ansatz war bei europäischen Psychiatern und Psychologen beliebt, während er bei amerikanischen und kanadischen Fachleuten weniger gängig war. Zur Psycholyse gehörte die Verabreichung einer langen Reihe mittlerer LSD-Dosen (100 bis 250 Mikrogramm). Die Klienten durften ihre Augen offen halten und oft mit den Therapeuten sprechen.

In den ersten Jahren, in denen ich diese Methode anwandte, gelangte ich zu einigen wichtigen Erkenntnissen über die menschliche Psyche, den therapeutischen Prozess und die Dynamik von LSD und Psilocybin. Aber ich erkannte, dass die psycholytische Therapie auch einige wichtige Nachteile hatte. Die niedrigen Dosierungen, das Öffnen der Augen und das Sprechen während der Sitzung verlangsamten den therapeutischen Prozess erheblich. Um die therapeutischen Ergebnisse zu verbessern, beschloss ich, höhere Dosierungen zu verwenden, Hi-Fi-Musik abzuspielen und meine Patienten zu bitten, Augenbinden zu benutzen und nur zu sprechen, wenn es notwendig war.

Als ich 1967 zum ersten Mal in die Vereinigten Staaten einwanderte, arbeitete ich am Maryland Psychiatric Research Center. Wir verwendeten bei unseren Patienten höhere Dosierungen – 400 bis 600 Mikrogramm («eine einzige überwältigende Dosis») – ein Ansatz, der in den USA und Kanada populärer war. Unsere Klienten waren Alkoholiker, betäubungsmittelabhängige Personen, Neurotiker, Krebspatienten im Endstadium und psychosoziale Gesundheitsfachkräfte. Wir verwendeten LSD und Entheogene wie 3,4-Methylendioxyamphetamin (MDA) und N,N-Dipropyltryptamin (DPT) und durften, anders als bei der psycholytischen Therapie, nur drei Sitzungen abhalten.

Der psycholytische Ansatz hatte auch einige Vorteile. Geringere Dosierungen zu verwenden und den Patienten zu erlauben, ihre Augen offen zu halten, ermöglichte es, optische und akustische Illusionen zu studieren. Ich erstellte eine lange Liste solcher Illusionen – Persönlichkeiten, Tiere und mythologische Kreaturen. Ich analysierte diese Bilder und versuchte zu verstehen, warum bestimmte Patienten mich während ihrer Sitzungen zu bestimmten Zeiten in einen Silberrücken-Gorilla, einen mächtigen Magier, Adolf Hitler, einen schwarzen Panther, einen Richter am Obersten Gerichtshof, einen sibirischen Schamanen, einen Massenmörder, ein wütendes Kleinkind, einen Cowboy mit einem Lasso oder Aladin mit einer Wunderlampe verwandelt sahen.

Ich wollte außerdem verstehen, warum der Behandlungsraum für meine Patienten zu unterschiedlichen Zeiten wie eine Hütte auf einer Insel im Pazifik,

Maryland Psychedelic Research Center, Spring Grove, Baltimore

ein Konzentrationslager oder eine Todeszelle, ein mittelalterliches Alchemistenlabor, der Garten Eden oder ein Bordell aussah. Das Geräusch der Schritte von hinter der Tür des Behandlungsraums vorbeigehenden Personen wurde manchmal als schwere Stiefel von SS-Offizieren wahrgenommen, oder das Brummen der Klimaanlage im Raum verwandelte sich in die Marseillaise oder das Hupen von kongolesischen Pygmäen. Ich konnte den tieferen Sinn in diesen optischen und akustischen Illusionen finden: Sie repräsentieren überdeterminierte, emotional aufgeladene Erinnerungen, die sich ähnlich wie Freuds Traumanalyse verstehen lassen. Diese psychedelischen Illusionen und Projektionen können – wie Träume – hervorragende therapeutische Werkzeuge sein. In meinem ersten Buch *Realms of the Human Unconscious* habe ich eine Reihe von Beispielen für dieses Verständnis geliefert. Im Wesentlichen neigen Klienten dazu, Elemente und Klänge auf die Welt um sie herum zu projizieren, die den emotionalen Charakter des Materials vermitteln, das aus ihrer Psyche auftaucht.

Du hast Freud und freie Assoziationen erwähnt. Welche Unterschiede siehst du zwischen der Arbeit mit LSD – und anderen holotropen Bewusstseinszuständen – und der Gesprächspsychotherapie?

Die postnatale Ebene der Psyche ist in der traditionellen Psychologie und Psychotherapie gut bekannt und erforscht. Es gibt jedoch mehrere wichtige Unterschiede zwischen der Erforschung dieses Bereichs in der Gesprächspsychotherapie und der Arbeit mit holotropen Bewusstseinszuständen. Der erste Unterschied ist, dass man sich nicht nur an emotional bedeutsame Ereignisse erinnert oder sie indirekt aus Träumen, Versprechern oder aus Übertragungsstörungen rekonstruiert.

In holotropen Bewusstseinszuständen kann man die ursprünglichen Emotionen, körperlichen Empfindungen und sogar Sinneswahrnehmungen in vollständiger Altersregression erleben.

Das bedeutet, dass das Individuum, während des Wiedererlebens eines wichtigen Traumas aus der Säuglings- oder Kindheitsphase tatsächlich das Körperbild, die körperlichen Empfindungen, die unbefangene Wahrnehmung der Welt und die Emotionen erlebt, die dem Alter entsprechen, in dem es zu jenem Zeitpunkt war. Die Authentizität dieser Regression wird durch die Tatsache unterstützt, dass die Gesichtsfalten dieser Menschen vorübergehend verschwinden, was ihnen einen kindlichen Ausdruck verleiht, und dass ihre Gesten und Körperhaltungen denen von Kindern ähneln können.

Der zweite Unterschied zwischen der Arbeit mit holotropen Bewusstseinszuständen und der Gesprächspsychotherapie ist die Entdeckung, dass unbewältigte physische Schocks und Bedrohungen sehr bedeutende Psychotraumata sein können. Dazu gehören schwere Operationen, Unfälle und Kinderkrankheiten. Besonders wichtig ist der Leidensdruck, der mit Ersticken, Erdrosseln und Würgen verbunden ist, wie zum Beispiel Erfahrungen des Beinahe-Ertrinkens, Diphtherie, Krupp, Keuchhusten oder Einatmung eines Fremdkörpers. Diese Störungen sprechen nicht auf eine Gesprächstherapie an; sie erfordern, dass der Patient die zugrunde liegenden Schmerzen und Blockaden in holotropen Bewusstseinszuständen durchlebt und auflöst. Diese Psychotraumata körperlichen Ursprungs spielen eine große Rolle bei der Entstehung vieler emotionaler und psychosomatischer Störungen, wie zum Beispiel Migränekopfschmerzen, psychogenem Asthma, Phobien, sadomasochistischen Tendenzen, Depressionen oder Suizidgedanken. Das Wiedererleben solcher traumatischer Erinnerungen und deren Integration kann sehr heilsame Auswirkungen haben.

Was meinst du mit dem Begriff der inneren heilenden Intelligenz der Psyche, die in der LSD-Therapie oder der holotropen Atemarbeit beobachtet werden kann?

Der psycholytische Ansatz erlaubt uns, aufeinanderfolgende Schichten der unbewussten Psyche zu erforschen. Meine Patienten nannten diesen Prozess «Zwiebelschälen» oder «Chemo-Archäologie der Psyche». Die Wirkung von LSD oder Psilocybin setzt einen «inneren Radar» in Gang, einen Mechanismus, der auf selektive Weise Inhalte des Unbewussten freilegt, die nahe an der Oberfläche liegen und eine sehr starke emotionale Ladung besitzen (freudsche Kathexis). Mit anderen Worten: Psychedelika aktivieren diejenigen Symptome oder Syndrome, die für die Patienten derzeit am unangenehmsten und schwierigsten sind. Dieser

Mechanismus bringt diese Symptome spontan an die Oberfläche, damit sie vollständig verarbeitet und aufgelöst werden können.

Die Arbeit mit dieser inneren Heilungsintelligenz («innerer Radar») bietet große Vorteile im Vergleich zur Gesprächspsychotherapie. In der Gesprächstherapie präsentiert der Klient ein breites Spektrum an Informationen verschiedenster Art und der Therapeut muss entscheiden, was wichtig ist, was irrelevant ist, wo der Klient abblockt usw. Da es unter den verschiedenen psychologischen Schulen und Ansätzen keine allgemeine Übereinstimmung über grundlegende theoretische Fragen gibt, werden solche Einschätzungen immer die persönliche Voreingenommenheit des Therapeuten widerspiegeln, ebenso wie die spezifischen Ansichten und Vorurteile seiner oder ihrer Schule.

Hat deine Arbeit mit der psycholytischen Therapie und das von deinen Patienten sogenannte «Schälen der Zwiebel der Psyche» auch die Entdeckung dessen ermöglicht, was du COEX-Systeme nennst? Kannst du beschreiben, was das ist?
Die wichtige aus meiner psycholytischen Therapie hervorgegangene Einsicht war, dass emotional aufgeladene Erinnerungen nicht als ein Mosaik isolierter Prägungen im Unbewussten gespeichert sind, sondern komplexe dynamische Konstellationen bilden. Ich habe für diese Gedächtnissysteme den Begriff COEX-Systeme geprägt, als Abkürzung für *systems of condensed experience* (Systeme verdichteter Erfahrung). Ein COEX-System besteht aus emotional aufgeladenen Erinnerungen aus verschiedenen Perioden unseres Lebens, die ähnliche Emotionen oder körperliche Empfindungen teilen.

Jedem COEX liegt ein wesentliches Erlebnisthema zugrunde, das alle seine Schichten durchdringt und ihren gemeinsamen Nenner darstellt. Ein bestimmtes COEX-System könnte alle wichtigen Erinnerungen an demütigende, erniedrigende und beschämende Erfahrungen beinhalten, die unser Selbstwertgefühl beschädigt haben. In einem anderen COEX kann der gemeinsame Nenner die Angst sein, die wir in verschiedenen schockierenden und furchterregenden Situationen erlebt haben, oder Gefühle der Klaustrophobie und des Erstickens aus verschiedenen beklemmenden und einengenden Ereignissen. Ein weiteres gemeinsames Motiv besteht in der Ablehnung und der emotionalen Entbehrung, die unsere Fähigkeit, Männern, Frauen, Gleichaltrigen oder Menschen im Allgemeinen zu vertrauen, verletzt haben. Auch Situationen, die tiefe Schuldgefühle, Scham oder ein Gefühl des Versagens hervorgerufen haben, Ereignisse, die uns in der Überzeugung zurückließen, dass Sex gefährlich oder ekelhaft sei oder Begegnungen mit wahlloser Aggression und Gewalt sind charakteristische Beispiele. Besonders wichtig sind COEX-Systeme, die Erinnerungen an das Zusammentreffen mit Situationen enthalten, die das Leben, die Gesundheit und Integrität des Körpers gefährden. Die einzelnen Schichten eines COEX enthalten dann die in verschiedenen Lebensabschnitten der Person aufgetretenen Wendungen und Variationen zum Grundthema des COEX. Diese Beobachtung der um ein gemeinsames Thema herum aufgebauten Variationen des Erlebens gleicht Richard Wagners Idee des Leitmotivs.

Die obige Diskussion könnte leicht den Eindruck erwecken, dass COEX-Systeme immer traumatische und schmerzhafte Erinnerungen enthalten. Es sind jedoch die Intensität des Erlebnisses und seine emotionale Bedeutung, die bestimmen, ob eine Erinnerung in ein COEX aufgenommen wird, nicht ihre unangenehme Natur. Neben negativen Konstellationen gibt es auch solche, die Erinnerungen an sehr angenehme oder sogar ekstatische Momente beinhalten. Beispiele dafür sind glückliche pränatale Erfahrungen, von einer liebenden Mutter gestillt zu werden, sich zu verlieben, hinreißende Momente in schöner Landschaft

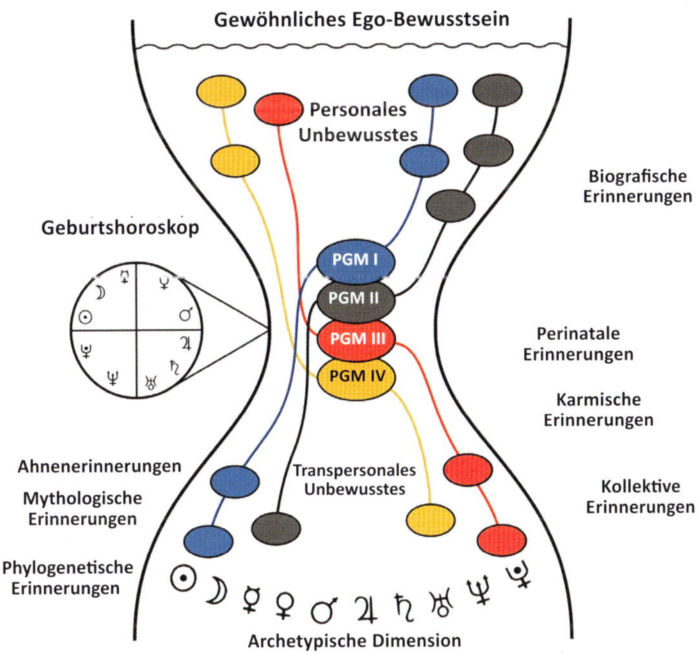

Diagramm eines COEX-Systems mit postnatalen Erinnerungsebenen verschiedener Lebensphasen (oberer Teil) und transpersonalen Erfahrungen (karmische, ahnenbezogene und stammesgeschichtliche Erinnerungen)

während des Familienurlaubs, das Hören oder Spielen schöner Musik oder das Tauchen vor tropischen Inseln.

Wir haben bisher über die postnatale Ebene der Psyche gesprochen – über Erinnerungen an vergangene Erlebnisse und Freuds individuelles Unbewusstes. Das ist im Wesentlichen der Bereich, den das heutige Verständnis in der Psychiatrie beschreibt. Hinzu kamen die Entdeckungen des «inneren Radars» und der inneren Intelligenz der Psyche, die Schichtung der Psyche, die COEX-Systeme und die Bedeutung körperlicher Verletzungen als Psychotraumata. Wie entwickelten sich die Erfahrungen der Menschen im weiteren Verlauf der Therapie und Selbstexploration?

Als der Prozess der tiefen erlebnisorientierten Therapie und Selbstexploration über die Ebene der Erinnerungen aus der Kindheit und dem Säuglingsalter hinausging, begannen meine Klienten Emotionen und körperliche Empfindungen von extremer Intensität zu erleben, die oft alles übertrafen, was sie zuvor für möglich gehalten hatten. An diesem Punkt wurden die Erfahrungen zu einer seltsamen Mischung aus Geborenwerden und Sterben. Sie umfassten ein Gefühl von schwerer, lebensbedrohlicher Enge, Schmerz, Angst, Erdrückung, Erstickung und einen verzweifelten und entschlossenen Kampf, sich zu befreien und zu überleben. Das extreme Leiden bildete eine charakteristische Triade: verrückt zu sein, zu sterben und niemals aus diesem höllischen Reich zu entkommen. Früher oder später erkannten meine Patienten, dass dieser Prozess das Wiedererleben ihrer eigenen biologischen Geburt war. Zu meinem Erstaunen bestätigte ich dies unabhängig davon in meinen eigenen LSD-Sitzungen.

Für diese Erfahrungen habe ich den Begriff *perinatal* geprägt. Es ist ein griechisch-lateinisches Kompositum, dessen Vorsilbe *peri* «nahe» oder «um» bedeutet und die Wurzel *natalis* «zur Geburt gehörend». Dieses Wort wird in der Medizin häufig verwendet, um verschiedene biologische Prozesse zu beschreiben, die kurz vor, während und unmittelbar nach der Geburt stattfinden. Geburtshelfer sprechen zum Beispiel von perinatalen Blutungen, Infektionen oder Hirnschäden. Gemäß der traditionellen Medizin erlebt der Fötus die Geburt jedoch nicht bewusst und das Ereignis wird nicht in seinem Gedächtnis gespeichert. Kliniker und Akademiker hören daher nie von perinatalen Erfahrungen. Die Verwendung des Begriffs perinatal im Zusammenhang mit Bewusstsein spiegelt meine eigenen Erkenntnisse wider und ist völlig neu (Grof 1966, 1975).

Die offizielle Position der akademischen Psychiatrie ist, dass die biologische Geburt kein Psychotrauma darstellt, an das man sich erinnern kann. Der übliche

Stan Grof hält einen Vortrag zur perinatalen Ebene der Psyche, New Mexico 2010

Grund für die Aberkennung der Möglichkeit eines Geburtsgedächtnisses ist, dass die Neuronen in der Großhirnrinde des Neugeborenen noch nicht vollständig «myelinisiert» sind – das heißt, noch nicht vollständig mit den schützenden Hüllen einer Fettsubstanz namens *Myelin* überzogen. Überraschenderweise wird dasselbe Argument nicht verwendet, um die Existenz und Bedeutung von Erinnerungen aus der Zeit des Stillens abzusprechen, einer Periode, die unmittelbar auf die Geburt folgt. Die psychologische Bedeutung der Erfahrungen beim Stillen und sogar beim Bonding – dem Austausch von Blicken und körperlichem Kontakt zwischen Mutter und Kind unmittelbar nach der Geburt – ist allgemein anerkannt und wird von Geburtshelfern, Kinderärzten und Kinderpsychiatern bestätigt.

Nach einer langen Lawine von Beweisen kam ich zu der Überzeugung, dass wir in unserem Unbewussten Erinnerungen an den biologischen Geburtsprozess tragen. Außerdem identifizierte ich vier umfassende Cluster von Erfahrungen, die tendenziell dann auftauchen, wenn Menschen mit dieser Schicht ihrer Psyche konfrontiert sind, für die ich den Begriff *perinatale Grundmatrizen* oder *PGM I-IV* (englisch: *BPM Basic Perinatal Matrices*) geprägt habe. Die vier perinatalen Matrizen beziehen sich auf die vier aufeinanderfolgenden Phasen des Geburtsprozesses.

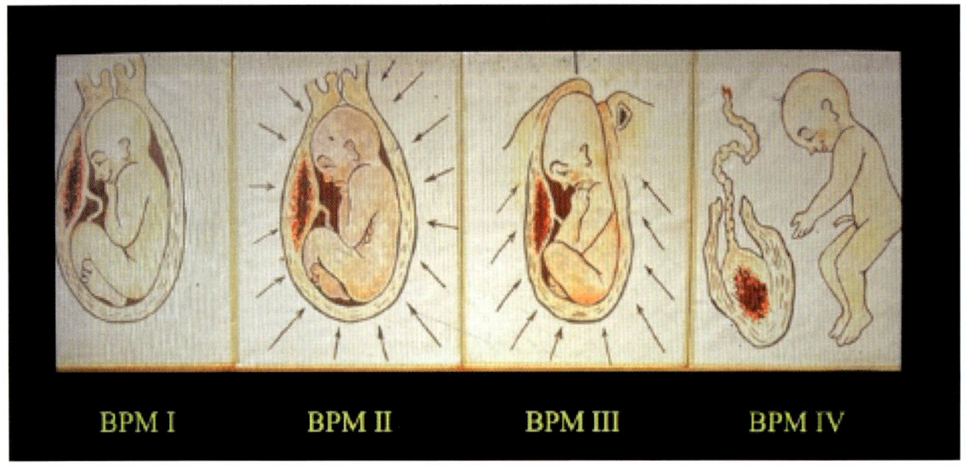

Zeichnung der vier Perinatalen Matrizen von Stan Grof

Als wir über die postnatale Ebene der Psyche sprachen, ging es darum, dass deine Klienten Erinnerungen aus der Säuglingszeit, der Kindheit, den Teenagerjahren und dem Erwachsensein wiedererleben. Ein Teil dieser Erinnerungen ähnelte Bildern aus der materiellen Welt, ähnlich wie Fotos oder Filme. Welche Form nahmen die Erinnerungen während der Entfaltung der perinatalen Matrizen an, also die Erinnerungen an den Durchgang durch den Geburtskanal? Während des größten Teils des Geburtsprozesses (der PGM I–III) befindet sich der Fötus im Körper der Mutter.

Das ist eine ausgezeichnete Frage. Sobald ich die PGM entdeckte und erkannte, dass sie Aufzeichnungen oder Reflektionen der Erinnerungen des Fötus während der Geburtsstadien sind, stieß ich auf mehrere große Probleme. Bilder im holotropen Bewusstseinszustand schließen den Körper des Fötus, die Amnionmembran, die Plazenta und die Nabelschnur mit ein. Diese visuellen Wahrnehmungen werden auch von Geräuschen begleitet, die aus dem Inneren des Körpers der Mutter oder des Fötus und aus der Außenwelt kommen. Die dominierenden körperlichen Elemente des Geburtserlebnisses sind intensiver Druck, extreme Schmerzen, Angst, Erstickung und manchmal Übelkeit. Vor dem Beginn der Geburt und nach ihrem Abschluss kann es auch Abschnitte mit glückseligen und ekstatischen Zuständen geben. Die Art dieser Erfahrungen hängt vom Stadium des Geburtsprozesses (PGM) und von seinem Verlauf und Zustand ab. Es ist wichtig zu betonen, dass es während der LSD-Sitzungen möglich ist, den Fötus im Inneren des Uterus und im Becken zu sehen, während er in der materiellen Welt nur die Ereignisse nach der Geburt (PGM IV) sehen kann. Und doch ist es möglich, in den perinatalen Sequenzen das Gesicht, den Körper, die Plazenta und die Nabelschnur des Fötus deutlich zu sehen.

Amniotisches Universum, Bild aus einer hochdosierten LSD-Sitzung von Stan Grof

Darüber hinaus werden die fötalen Erinnerungen in jeder der perinatalen Matrizen tendenziell von einer reichen symbolischen Bildsprache begleitet – verschiedene Persönlichkeiten, Tiere, mythologische Wesen und Naturszenen, die zur spezifischen thematischen Note der jeweiligen PGM passen. Die perinatalen Erfahrungen bilden ein umfangreiches Spektrum, von dem nur ein Teil den Fötus im Geburtsprozess darstellt. Und die Verbindungen zwischen den Erfahrungen der Geburtsstadien und diesen verschiedenen Symbolbildern sind nicht willkürlich und zufällig. Die Assoziationen sind sehr spezifisch und konsistent, dennoch sind sie nicht im Sinne einer konventionellen Logik verständlich. Sie beruhen nicht auf irgendeiner formalen äußeren Ähnlichkeit, sondern sind durch die Tatsache verbunden, dass sie die gleichen seelischen Gefühle und körperlichen Empfindungen teilen. Sie haben ihre eigene tiefe Ordnung, die man am besten als «erfahrungsorientierte Logik» bezeichnen kann.

Kannst du mir konkrete Beispiele für dieses Zusammenspiel zwischen der Situation des Fötus in den Stadien der perinatalen Matrizen und den durch die «erfahrungsorientierte Logik» mit ihnen verbundenen Symbolbildern aufzeigen?
Die erste perinatale Matrix (PGM I) stellt zum Beispiel die ursprüngliche Vereinigung mit der Mutter dar, die intrauterine Existenz vor dem Einsetzen der Geburt. Die Erfahrungssituation dieses Zustandes kann als das *«amniotische Universum»* bezeichnet werden. Wenn wir uns mit dem Fötus im Mutterleib identifizieren, haben wir kein Bewusstsein über Grenzen und unterscheiden nicht

Ozeanischer Mutterleib, Bild aus einer hochdosierten LSD-Sitzung von Stan Grof

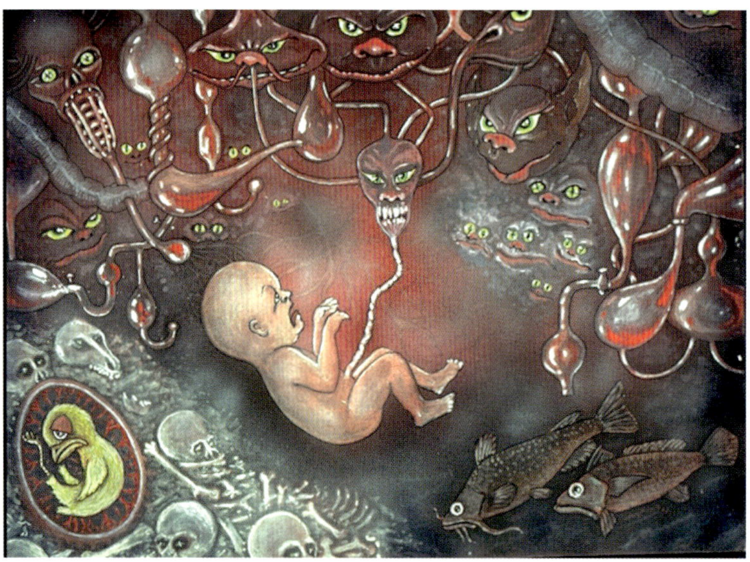

Vergifteter Mutterleib, Bild aus einer hochdosierten LSD-Sitzung von Stan Grof

zwischen dem Inneren und dem Äußeren. Die Qualität dieser Einheitserfahrung hängt dann vom emotionalen und physischen Zustand der Mutter ab.

Die Symbolbilder der ungestörten embryonalen Existenz zeigen typischerweise Erfahrungen weitläufiger Regionen ohne Grenzen von Raum und Zeit – den interstellaren Raum, Galaxien oder das gesamte Universum. Ähnliche Erfahrungen beinhalten das Schweben im Meer, die Identifikation mit verschiedenen

Wassertieren, wie Fischen, Quallen, Anemonen, Algen, Delphinen und Walen, oder sogar selbst zum Ozean zu werden. Das scheint die Tatsache widerzuspiegeln, dass der Fötus im Wesentlichen ein Wasserlebewesen ist. Positive intrauterine Erfahrungen können auch mit Naturvisionen – sicher, schön und bedingungslos nährend wie ein guter Mutterschoß – oder sogar Mutter Natur oder Gaia verbunden sein. Mythologische Bilder in dieser perinatalen Matrix schließen verschiedene himmlische Reiche und Paradiese ein, wie sie in den Mythologien von Kulturen auf der ganzen Welt beschrieben werden. Ich habe diese Art der Ekstase, die mit PGM I assoziiert wird, als *apollinisch* oder *ozeanisch* bezeichnet; sie ist gekennzeichnet durch die Transzendenz von Zeit und Raum, Gefühle von Frieden, Ruhe, Klarheit und kosmischer Einheit. Man beachte, dass keines dieser Symbolbilder – das astronomische Universum, das ozeanische Leben oder mythologische Figuren und Orte – aus Erinnerungen an die biologische Geburt abgeleitet oder erklärt werden kann.

Wenn wir Episoden intrauteriner Störungen wiedererleben – Erinnerungen an den «vergifteten Mutterleib» oder «die schlechte Gebärmutter» – kann es sein,

Die Kontraktionen werden als archetypische Raubvögel erlebt, die den Fötus angreifen, Bild aus einer hochdosierten LSD-Sitzung von Stan Grof

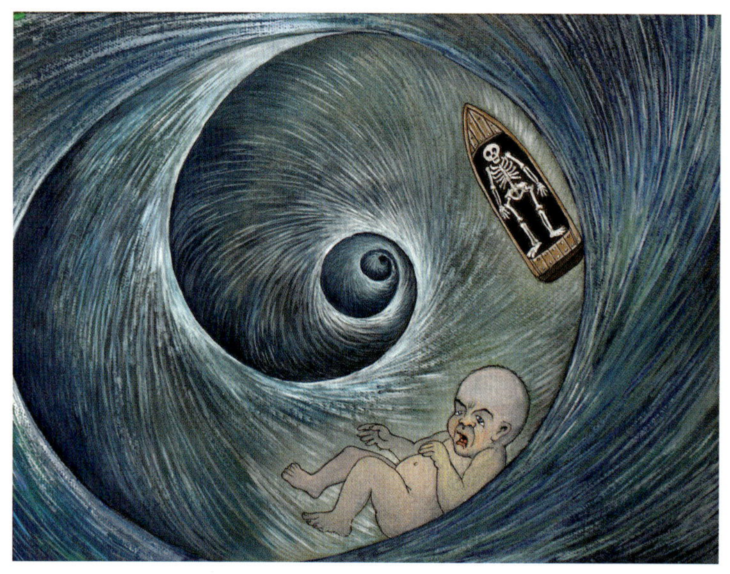

Der Beginn der Geburt wird als Verschlungenwerden von einem riesigen Strudel erlebt. Bild aus einer hochdosierten LSD-Sitzung von Stan Grof

dass wir eine alles durchdringende dunkle und unheilvolle Bedrohung empfinden und das Gefühl haben, dass wir vergiftet werden, eine sehr starke Quelle paranoiden Denkens. Die Symbolbilder stellen verschmutzte Gewässer und Giftmülldeponien dar. Sequenzen dieser Art können mit Visionen von beängstigenden dämonischen Wesenheiten oder mit einem Gefühl des heimtückischen, alles durchdringenden Bösen verbunden sein. Diejenigen von uns, die Episoden intensiver oder gewaltsamer Eingriffe in die vorgeburtliche Existenz wiedererleben, wie zum Beispiel eine drohende Fehlgeburt oder einen Abtreibungsversuch, haben oft ein Gefühl universeller Bedrohung oder blutige apokalyptische Visionen vom Ende der Welt.

Die zweite perinatale Matrix (PGM II) kann als kosmisches Verschlungenwerden, Ausweglosigkeit oder Hölle bezeichnet werden. Mit dem Beginn der biologischen Geburt verliert der Fötus den Komfort des Mutterleibs und oft auch den Schutz des Fruchtwassers. Die kräftigen Uteruskontraktionen drücken auch die sauerstoffversorgenden Arterien zusammen, die sich durch die Uteruswände ziehen. Wenn wir den Beginn der Geburt erleben, können wir das Gefühl haben, in einen großen Strudel oder Sog gezogen zu werden, der die ganze Welt verschlingt. Andere Symbolbilder sind riesige verzehrende oder umschlingende Monster, wie Leviathane, Drachen, Wale, Schlangen, Vogelspinnen oder Kraken. Das Gefühl der überwältigenden Lebensbedrohung kann zu panischer Angst und allgemeinem Misstrauen führen, das an Paranoia grenzt. Eine weitere Erfahrungsvariante des Beginns der zweiten Matrix ist das Thema des Abstiegs in die Tiefen der Unterwelt, das Reich des Todes oder der Hölle. Wie Joseph Campbell

Kontraktionen werden als Angriff einer Oktopus-ähnlichen Kreatur erlebt. Bild aus einer hochdosierten LSD-Sitzung von Stan Grof

so eloquent beschrieben hat, handelt es sich dabei um ein universelles Motiv in den Mythologien der Heldenreise.

Auf der voll entwickelten ersten Stufe der biologischen Geburt (PGM II) ziehen die Uteruskontraktionen den Fötus periodisch zusammen, und der Muttermund ist noch nicht geöffnet. Jede Kontraktion verursacht eine Kompression der Uterusarterien, wie wir gesehen haben, und der Fötus ist durch Sauerstoffmangel bedroht. Das Wiedererleben dieses Geburtsstadiums ist eine der schlimmsten Erfahrungen, die wir während der Selbsterforschung in holotropen Bewusstseinszuständen machen können. Es kann sein, dass wir uns in einem riesigen klaustrophobischen Alptraum mit enormen hydraulischen Kräften gefangen fühlen, qualvollen emotionalen und physischen Schmerzen ausgesetzt sind und ein Gefühl völliger Hilflosigkeit und Hoffnungslosigkeit, Gefühle von Einsamkeit, Schuld und der Absurdität des Lebens haben.

Eine Person, die sich in dieser Zwangslage befindet, verliert normalerweise das Gefühl für die lineare Zeit und ist überzeugt, dass diese Situation niemals enden wird und es absolut keinen Ausweg gibt. Zu den charakteristischen Wahrnehmungen dieser Erfahrungstrias gehören das Sterben, das Verrücktwerden und das Niemals-Zurückkommen. Während wir unter dem Einfluss dieser Matrix stehen, sind wir selektiv geblendet und unfähig, irgendetwas Positives in unserem Leben oder in der menschlichen Existenz im Allgemeinen zu sehen. Unter dem

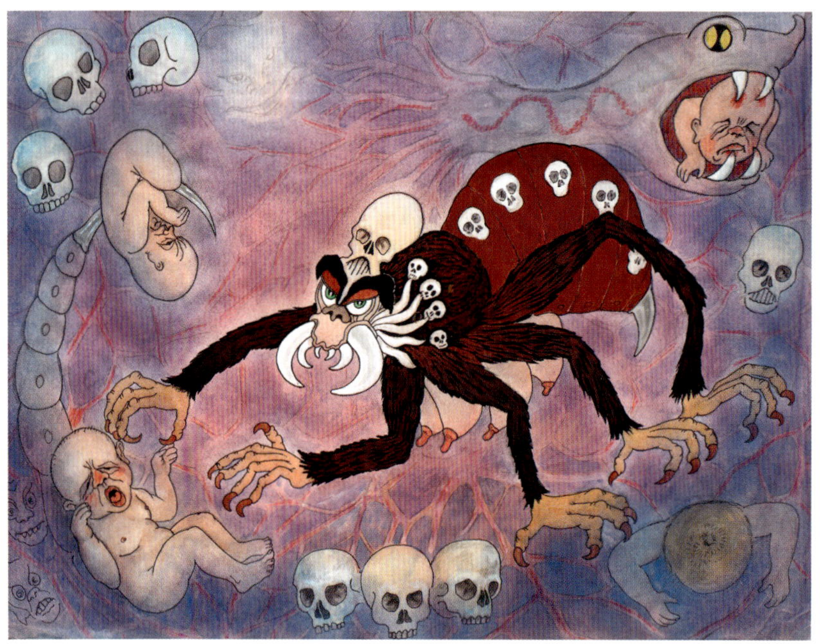

Archetypische Gestalt der verschlingenden Muttergöttin als riesige Spinne, Bild aus einer hochdosierten LSD-Sitzung von Stan Grof

Einfluss dieses Geisteszustandes erscheint die existenzialistische Philosophie als einzig wahre Beschreibung der Realität oder gültige Strategie.

Das Wiedererleben dieses Geburtsstadiums – PGM II – wird gewöhnlich von Symbolbildern begleitet, darunter verschiedene Menschen, Tiere oder sogar mythologische Wesen, die in einer schmerzhaften und hoffnungslosen Zwangslage gefangen sind, ähnlich wie der des Fötus, der im unerbittlichen Griff der sich zusammenziehenden Gebärmutter gefangen ist. Wir können die Qualen der Sünder in der Hölle, die Agonie Jesu am Kreuz oder die unerträglichen Qualen griechischer mythologischer Figuren, die für endloses Leiden stehen, wie Sisyphos, Prometheus oder Tantalus, erleben. Diese symbolischen Visionen, die die fötalen Bilder begleiten, lassen sich nicht als Erinnerungen an die biologische Geburt erzeugen und erklären; sie sind durch die Ähnlichkeit der damit verbundenen Emotionen und Empfindungen mit der Geburt verbunden.

Die dritte perinatale Matrix (PGM III) stellt den Kampf zwischen Tod und Wiedergeburt während der zweiten klinischen Phase der biologischen Geburt dar. Der Gebärmutterhals weitet und öffnet sich, und der Fötus sinkt in das Becken hinab. Die Uteruskontraktionen setzen sich fort, aber der Gebärmutterhals erlaubt nun das allmähliche Vorschieben des Fötus durch den Geburtskanal. Das führt zu erdrückendem mechanischen Druck und explosionsartigen Entladungen von Energie, Schmerzen und oft zu einem starken Sauerstoffmangel und Erstickung. Diese höchst unangenehme und lebensbedrohliche Situation erzeugt auch intensive Ängste.

In diesem Stadium können auch verschiedene gefährliche Komplikationen auftreten. Die Nabelschnur kann zwischen Kopf und Beckenöffnung eingeklemmt oder um den Hals gewickelt sein. Die Plazenta kann sich während der Geburt ablösen oder sogar den Weg nach draußen verstopfen *(Plazenta praevia)*. In einigen Fällen kann es sein, dass der Fötus verschiedene Arten biologischen Materials, auf das er in den letzten Stadien dieses Prozesses stößt, einatmet, einschließlich seiner eigenen Fäkalien *(meconium)*, was das Gefühl des Erstickens noch verstärkt. Die Probleme in diesem Stadium können so extrem sein, dass sie einen instrumentellen Eingriff erfordern, wie z. B. den Einsatz einer Zange, einer Saugglocke oder sogar einen notfallmäßigen Kaiserschnitt.

Die PGM III ist ein ausgesprochen machtvolles und komplexes Erfahrungsmuster. Neben dem Erinnerungseindruck an den Kampf des Fötus im Geburtskanal kann es von einer Vielzahl von Symbolbildern aus Geschichte, Technik, Biologie, Naturgewalten oder Mythologie begleitet werden. Deren wichtigste Themen sind eine Atmosphäre des titanischen Kampfes, aggressive und sadomasochistische Abfolgen, Erfahrungen abweichender Sexualität, dämonische Episoden, Fäkalausscheidungen und die Berührung mit Feuer *(pyrokatharsis)*. Einige dieser Aspekte der PGM III können sinnvollerweise mit bestimmten anatomischen, physiologischen und biochemischen Prozessen des entsprechenden Geburtsstadiums in Verbindung gebracht werden. Doch einige der erstaunlichsten

Erfahrung des Gefesseltwerdens und der sexuellen Erregung, Bild aus einer hochdosierten LSD-Sitzung von Stan Grof

Symbolbilder scheinen keinen direkten Bezug zu den Erinnerungen an die biologische Geburt zu haben, sondern eher durch eine «erfahrungsorientierte Logik» mit ihnen verbunden zu sein.

Der titanische Aspekt von PGM III ist durchaus verständlich angesichts der enormen Kräfte, die in der letzten Phase der Geburt wirken – kräftige Kontraktionen der Gebärmutter, die den Fötus, dessen Kopf in der engen Beckenöffnung eingekeilt ist, zusammendrücken, wobei der Druck in starken Entladungen freigesetzt wird. In den Symbolbildern können wir tobende Naturelemente sehen wie Vulkane, Gewitterstürme, Erdbeben, Flutwellen oder Tornados. Wir können auch Szenen mit technologischen Geräten von gewaltigem Energieaufwand erleben wie Panzer, Raketen, Raumschiffe, Laser, Stromkraftwerke oder sogar thermonukleare Reaktoren und Atombomben. Zu den titanischen Erlebnissen der PGM III können auch Schlachten gigantischen Ausmaßes gehören, wie der kosmische Kampf zwischen den Kräften des Lichts und der Finsternis.

Die aggressiven und sadomasochistischen Aspekte dieser Matrix spiegeln die biologische Rage des Organismus wider, dessen Überleben durch Ersticken und Schmerzen bedroht ist sowie den introjizierten destruktiven Ansturm der Uteruskontraktionen. Wenn wir PGM III erleben, können uns Bilder von Föten zusammen mit symbolischen Szenen wie gewaltsamen Morden und Suiziden, Massakern verschiedener Art oder blutigen Kriegen und Revolutionen begegnen.

Die erfahrungsorientierte Logik des sexuellen Aspekts des Prozesses von Tod und Wiedergeburt ist nicht sofort offensichtlich. Es scheint, dass der menschliche Organismus über einen inhärenten physiologischen Mechanismus verfügt, der unmenschliches Leiden und insbesondere das Ersticken in eine eigenartige Art sexueller Erregung pornographischer oder abweichender Natur und schließlich in ekstatische Verzückung übersetzt.

Wenn sich die Erfahrung von PGM III der Auflösung nähert, wird sie weniger heftig und verstörend. Die vorherrschende Atmosphäre ist von extremer Leidenschaft und treibender Energie in berauschender Intensität dominiert. Die Bildsprache tendiert zur Darstellung aufregender Eroberungen neuer Territorien, vom Jagdverhalten wilder Tiere, von Extremsportarten und Abenteuern in Vergnügungsparks. Diese Erfahrungen stehen eindeutig im Zusammenhang mit Aktivitäten, die einen «Adrenalinrausch» mit sich bringen – Fallschirmspringen, Bungee-Jumping, Autorennen, Tauchakrobatik, gefährliche Stunts oder Zirkusvorstellungen. Kurz vor der Erfahrung der psychospirituellen Wiedergeburt ist es auch üblich, dass man dem Element des Feuers begegnet. Das Feuer scheint alles, was in uns verdorben ist, radikal zu zerstören und uns auf die geistige

Erfahrug einer wilden Karnevals-Szene während des Übergangs von PGM III zu PGM IV, Bild aus einer hochdosierten LSD-Sitzung von Stan Grof

Wiedergeburt vorzubereiten. Obwohl keine der phantastischen symbolischen Bilder und Szenen von PGM III direkt auf der Erinnerung an eine biologische Geburt beruhen, teilen sie die intensive Erregung, Leidenschaft und Angst, die während der Geburt geweckt werden. Ich habe die Art der Ekstase, die mit PGM III verbunden ist, als *vulkanische* oder *dionysische* Ekstase bezeichnet.

Die vierte perinatale Matrix (PGM IV) – *die Erfahrung von Tod und Wiedergeburt* – bezieht sich auf die dritte klinische Phase der Geburt. Hier schließen wir den schwierigen Prozess der Fortbewegung durch den Geburtskanal ab, erreichen eine explosive Befreiung und kommen heraus ins Licht. Diese Erfahrung fällt auch oft mit dramatischen wissenschaftlichen, künstlerischen, politischen und religiösen Durchbrüchen zusammen; Ich habe diesen Ausbruch von Kreativität als *prometheische* Art der Ekstase bezeichnet. PGM IV schildert oft konkrete und realistische Erinnerungen an verschiedene spezifische Aspekte der letzten Stadien der Geburt. Dazu gehören die Erfahrung der Anästhesie, der Druck der Zange, die Empfindungen, die mit verschiedenen Geburtshilfemaßnahmen oder postnatalen Eingriffen verbunden sind, das Waschen und Reinigen des Neugeborenen und das Bonding mit der Mutter.

Das Wiedererleben der biologischen Geburt ist keine einfache Wiederholung des ursprünglichen biologischen Ereignisses, sondern ein tiefgreifender psychospiritueller Tod und eine Wiedergeburt. Die Frage drängt sich auf: «Warum

Erfahrung der Maha Kali, die sich als Mann dem Weiblichen hingibt, Bild aus einer hochdosierten LSD-Sitzung von Stan Grof

nicht einfach Wiedergeburt – woher kommt das Element des Todes?» In diesem Prozess können wir dem Tod tatsächlich auf drei verschiedene Arten begegnen. Erstens, je nachdem wie schwierig die Passage durch den Geburtskanal ist, kann es sein, dass der Fötus dem Tod nahekommt oder sogar stirbt und wiederbelebt werden muss. Zweitens, wenn die Nabelschnur durchtrennt wird, erfährt der Körper des Fötus eine grundlegende anatomische und physiologische Veränderung. Er bläht seine Lungen auf und beginnt zu atmen, zu essen, zu urinieren und Kot auszuscheiden. Während der Schwangerschaft wurden diese Funktionen alle vom Körper der Mutter übernommen. Zu diesem Zeitpunkt stirbt das Neugeborene im Grunde genommen, hört auf, als Wasserorganismus zu existieren und wird zu einem luftatmenden menschlichen Wesen.

Du hast gesagt, dass der Fötus drei Tode erlebt. Ist der dritte Tod der Ego-Tod? Kannst du erklären, was das Ego, das während der Erfahrung des Ego-Todes stirbt, für dich ist?

Ja, es ist das Ego, das stirbt, aber nicht der Teil des Egos, den Freud definiert hat als *«die Funktion, die in der Lage ist, die objektive Realität wahrzunehmen und angemessen auf sie zu reagieren»* – eine notwendige Funktion, die wir in der Kindheit entwickeln. Der Teil des Egos, der während des Ego-Todes stirbt, ist derjenige, der sich als Reaktion auf das intensive emotionale und körperliche Leiden während der Wehen bildet. Der Fötus ist während der Geburt vollständig vom Geburtskanal eingeschlossen und hat keine Möglichkeit, die extremen Emotionen und körperlichen Empfindungen auszudrücken, die während dieses Leidens entstehen. Die Erinnerung an die Geburt bleibt psychologisch unverdaut und unangepasst. In gewissem Sinne wurden wir anatomisch geboren, haben diesen Prozess aber emotional nicht abgeschlossen. Der Tod des Egos, der der Wiedergeburt vorausgeht, ist der Tod unserer alten Vorstellungen davon, wer wir sind und wie die Welt ist; diese Vorstellungen wurden durch die traumatische Prägung der Geburt geformt.

Endstadium von Tod und Wiedergeburt, Fasanenhimmel der Großen Muttergöttin, Bild aus einer hochdosierten LSD-Sitzung von Stan Grof

Wenn wir diese alten Programme aus dem Unbewussten löschen, lösen sie sich auf und verlieren ihre emotionale Ladung, sie «sterben» im Grunde genommen.

Wir haben uns mit diesen alten Programmen derart identifiziert, dass es sich wie das Ende unserer Existenz oder sogar das Ende der ganzen Welt anfühlt, wenn das unauthentische Ego ernsthaft bedroht wird. So beängstigend dieser Prozess auch ist, er ist in Wirklichkeit sehr heilsam und transformativ. Paradoxerweise trennt uns zwar nur ein kleiner Schritt von der Erfahrung tiefgreifender Befreiung, doch wir haben ein enormes Gefühl der alles durchdringenden Angst und drohenden Katastrophe. Was in diesem Prozess tatsächlich stirbt, ist das falsche Ego, das wir – bis zu diesem Punkt in unserem Leben – irrtümlicherweise für unser wahres Selbst gehalten haben. Da wir alle uns bekannten Bezugspunkte verlieren, haben wir keine Ahnung, was auf der anderen Seite ist, oder gar, ob es dort überhaupt etwas gibt. Diese Angst hat die Tendenz, einen enormen Widerstand gegen die Fortsetzung und Vollendung der Erfahrung zu erzeugen. Infolgedessen können viele Menschen ohne angemessene Orientierungshilfe seelisch in diesem schwierigen Feld stecken bleiben.

Wenn wir an diesem wichtigen Punkt die metaphysische Angst überwinden und uns entscheiden loszulassen, erleben wir die totale Vernichtung auf allen erdenklichen Ebenen: physische Zerstörung, emotionale Katastrophe, intellektuelle und philosophische Niederlage, höchste moralische Erniedrigung und spirituelle Verdammnis. Während dieser Erfahrung scheinen alle Bezugspunkte, alles, was im Leben wichtig und sinnvoll ist, gnadenlos zerstört zu werden. Unmittelbar nach der Erfahrung der totalen Vernichtung – dem Erreichen des «kosmischen Tiefpunkts» – werden wir von Visionen weißen oder goldenen Lichts von übernatürlichem Glanz und erlesener Schönheit überwältigt, die numinos und göttlich ist. Nachdem wir überlebt haben, was wie eine Erfahrung der totalen Vernichtung und des apokalyptischen Endes von allem schien, werden wir nur Sekunden später mit phantastischen Darstellungen von prachtvollen Regenbogenspektren,

Das Göttliche Kind, Buddha-Baby, Bild aus einer hochdosierten LSD-Sitzung von Stan Grof

Pfauenmustern, himmlischen Szenen und Visionen mythologischer, in göttliches Licht getauchter Wesen gesegnet.

Die Entdeckung der perinatalen Matrizen war ein wichtiger Schritt in Richtung der neuen erweiterten Kartographie der Psyche. In einigen deiner frühen Bücher hast du auch versucht zu erklären, wie die Integration der PGM dabei helfen kann, viele wichtige Probleme in der Psychiatrie zu klären. Kannst du ein paar dieser Beispiele beschreiben?

Als ich genügend Beweise dafür zusammentrug, dass die Erinnerungen an die biologische Geburt im Unbewussten aufgezeichnet werden, war ich überrascht, dass diese so offensichtlich erscheinende Tatsache von den konventionellen Akademikern und Klinikern noch nicht akzeptiert worden war. Das Gehirn des Neugeborenen ist hoch entwickelt und sollte in der Lage sein, den Geburtsvorgang zu erfassen – eine Stresssituation, die etliche Stunden oder sogar Tage andauert und oft an den Tod grenzt. Ich habe in meinen Büchern und Artikeln geschrieben, dass die Psychiatrie viele wichtige Fakten nicht erklären kann, weil sie die Erinnerung an das Geburtstrauma und die perinatalen Matrizen nicht anerkennt. Zum Beispiel lässt sich die Art und Intensität menschlicher Gewalt nicht durch die heutige Biologie oder Psychiatrie erklären. Auch Freud bemühte sich bis zu seinem Tod vergeblich, das Rätsel des Sadomasochismus zu lösen. Er konnte die seltsame Verschmelzung der biologischen Grundinstinkte – Sexualität und Aggression – nicht verstehen. Auch einige der anderen sexuellen Variationen, Abweichungen und Paraphilien konnte er nicht triftig erklären – Richard von Krafft-Ebings *Psychopathia sexualis.*

Freud versuchte, diese sexuellen Störungen derart zu interpretieren, dass sie auf der postnatalen Ebene der Psyche entstehen, durch libidinöse Fixierungen auf die erogenen Zonen und die Blockierung der Libido durch das Über-Ich. All diese Phänomene erscheinen jedoch viel logischer, wenn wir sie mit PGM II und PGM III in Verbindung bringen. Schmerz und Erstickung erzeugen eine intensive Antriebsenergie, die dem Sexualtrieb (Libido) sehr ähnlich ist. Diese sexuelle Energie vermischt sich während der Geburt mit starken Aggressionsgefühlen; dieser Trieb ist sowohl nach innen (die Kraft der Uteruskontraktionen) als auch nach außen (die Reaktion auf den Schmerz und die Angst vor dem Tod) gerichtet. So spielen in der PGM III Sexualität, Aggression und der Kontakt mit biologischen Materialien (Fruchtwasser, Blut, Urin, Mekonium, Kot und Vaginalsekret) eine wichtige Rolle bei sexuellen Entgleisungen und krimineller Sexualität, inklusive Vergewaltigung und Sexualmord.

Die Erforschung der perinatalen Matrizen in der LSD-Therapie vertieft und erweitert das von der freudschen Psychoanalyse angedachte Modell wesentlich. Die psychedelische Therapie und das Holotrope Atmen haben gezeigt, dass Freud und seine frühen Pioniere mit ihren Bemühungen um das Verständnis des Ursprungs emotionaler und psychosomatischer Störungen – wie Konversionshysterien und Angsthysterien (Phobien), Zwangsneurosen, psychogenem Asthma, Depressionen, Suiziden und sexuellen Deviationen und anderen – auf dem richtigen Weg waren. Leider schienen ihre unwirksamen Methoden – Gesprächspsychotherapie, freie Assoziationen, Arbeit mit Übertragungsneurosen, Vermeidung von Körperkontakt, strategisches Schweigen und andere – zwar auf der postnatalen Ebene zu wirken, reichten aber nicht bis zu den Hauptwurzeln der Probleme der Patienten. Die oberflächlichen und verkürzten Interpretationen der Psychoanalyse sind nicht überzeugend und oft bizarr und lächerlich, zum Beispiel als Freud versuchte, Suizid als Tötung der introjizierten Brust der schlechten Mutter zu erklären.

Viele konventionelle Therapeuten haben es grundlegend aufgegeben, die psychodynamischen Wurzeln emotionaler Probleme zu erforschen und ätiologische Diagnosen zu stellen, da sich der aufkommende «neokraepelinsche» Ansatz auf die Beschreibung von Symptomen beschränkte, wie sie im *Diagnostischen und statistischen Leitfaden psychischer Störungen* (DSM) dargestellt sind. Die wirkungsvollen expressiven Therapien, die bis zu den perinatalen Matrizen (und noch tiefer zu transpersonalen Erfahrungen) reichen können, bieten jedoch viel logischere und befriedigendere ätiologische Erklärungen für emotionale Störungen. Das Verständnis und die Aktivierung der perinatalen Matrizen (PGM II und III) in der Therapie bieten viel überzeugendere Erklärungen und Behandlungen für Zustände wie Phobien, gehemmte und agitierte Depressionen, gewaltfreien und gewalttätigen Suizid und psychosomatischen Schmerz. Die Arbeit mit perinatalen und transpersonalen Erfahrungen ist auch entscheidend für die erfolgreiche Behandlung kurzfristig auftretender psychogener Psychosen, für die wir den Begriff «spiritueller Notfall» geprägt haben.

Die zeitgenössische Psychiatrie bietet keine befriedigende Erklärung für die meisten rituellen, spirituellen und religiösen Erfahrungen, Aktivitäten und Ereignisse, die für immer mehr Menschen auf unserem Planeten bedeutsam sind. Psychiater sehen religiöse Phänomene als Aberglauben, primitives magisches Denken oder als Wahnvorstellungen und Halluzinationen von Borderlinern oder schizophrenen Personen.

Als herausgefunden und bestätigt wurde, dass wir die Erinnerungen an die biologische Geburt in unserem Unbewussten tragen, wurden diese Entdeckungen für das Studium der Theologie und der vergleichenden Religionswissenschaften höchst bedeutsam. Ich war sehr aufgeregt, als ich entdeckte, dass die vier perinatalen Matrizen mit dem Spektrum der in vielen Religionen beschriebenen möglichen Sitze der Seele übereinstimmen. Ungestörte Erfahrungen von **PGM I** – die Existenz jenseits von Raum und Zeit, glückselig und ruhig mit einem mystischen oder ekstatischen Gefühl – teilen die Qualität der verschiedenen Himmel und Paradiese in den Religionen der ganzen Welt und aller Zeiten. Die problematischen PGM-I-Erfahrungen von Störungen des intrauterinen Lebens, einer pränatalen Umgebung mit giftigem Fruchtwasser, weisen Parallelen zu den Flüssen der Unterwelt auf – dreckig, schlammig und verunreinigt und dem Tod entgegenfließend, wie der griechische Styx oder der Xibalba der Maya. Der Übergang von der PGM I zur PGM II ähnelt der Vertreibung aus Eden oder dem verlorenen Paradies, wie von John Milton beschrieben.

Das außerordentliche emotionale und körperliche Leiden, das Gefühl der Ausweglosigkeit, Hoffnungslosigkeit, Hilflosigkeit und der erstickenden Unterdrückung von **PGM II** enthält alle wesentlichen Eigenschaften der *Hölle.* Der heilige Johannes vom Kreuz beschrieb die erschütternde Erfahrung entsetzlicher Dunkelheit und völliger Verzweiflung und bezeichnete sie als die *Dunkle Nacht*

Dante Alighieri hält eine Abschrift der *Göttlichen Komödie* in Händen, neben dem Eingang zur Hölle, den sieben Terrassen des Fegefeuer-Bergs und der Stadt Florenz mit den Himmlischen Sphären darüber

der Seele; und die heilige Teresa von Ávila beschrieb in ihrer Autobiographie die Hölle als einen erstickenden Ort unerträglicher Qualen, an dem sie in einem kleinen Loch eingepfercht war. **PGM III** bringt intensives emotionales und somatisches Leiden und unerträgliche brennende Hitze. Es handelt sich jedoch nicht um eine hoffnungslose Situation; es gibt ein Gefühl der Endlichkeit des Leidens und die Möglichkeit der Flucht in eine bessere Situation, des reinigenden Feuers und der Läuterung. Diese Erfahrungen haben die Qualitäten eines *Fegefeuers.* Mehrere meiner Patienten in LSD-Sitzungen identifizierten sich in ihren PGM-III-Erfahrungen auch mit hinduistischen und christlichen Asketen und mittelalterlichen Geißlern. In psychedelischen Sitzungen sehen viele Menschen während ihrer **PGM-IV**-Erfahrungen strahlend weißes, blaues oder goldenes Licht, Regenbögen und Pfauenfedern. Es kann sein, dass sie den psychospirituellen Tod und die Wiedergeburt, den Aufstieg zum Himmel, die göttliche Offenbarung, den *Hieros gamos,* die Heilige Hochzeit oder Visionen von Großen Muttergöttinnen oder Gott erleben. Diese Visionen erscheinen in Formen, die in verschiedenen Religionen auf der ganzen Welt beschrieben werden.

Die perinatalen Matrizen bieten auch faszinierende Einblicke in den Schamanismus. Der Beginn der PGM II ähnelt dem Beginn der schamanischen Initiation. Der Schamanenneuling erlebt eine visionäre Reise, steigt in die Unterwelt hinab, wird von bösen Geistern angegriffen und erfährt außerordentliches

Die Engelsrose in Dantes *Göttlicher Komödie* von Gustave Doré

emotionales und körperliches Leid. Er ist heftigen Torturen ausgesetzt, wird vernichtet, zerstückelt und dann wiedergeboren. Von dort aus durchläuft er eine magische Reise in das himmlische Reich, die dem Übergang von PGM III zu IV ähnelt. Während der Initiationsreise heilt sich der Neuling oft selbst von verschiedenen Krankheiten und lernt, wie er andere heilen kann. Nach erfolgreicher Integration dieser inneren Reise wird der Schamane dann häufig zum Heiler, Psychopomp (Anm.: Seelengeleiter Verstorbener ins Jenseits), Künstler oder Stammesführer.

Initiationsritual am Mandan-Okipa-Festival der indigenen Prärievölker

Im Laufe der Jahre haben viele meiner psychedelischen Klienten und Teilnehmer des Holotropen Atmens klassische schamanische Initiationsepisoden erlebt. Diese waren oft mit perinatalen und mit Geburtsbildern kombiniert. Weitere Beispiele für die Manifestation perinataler Matrizen sind die Übergangsriten, Rituale, die in den meisten vorindustriellen Ländern der Welt während der Zeit wichtiger biologischer oder sozialer Übergänge durchgeführt wurden. Meine Patienten und Auszubildenden in psychedelischen Sitzungen und im Holotropen Atmen erlebten Sequenzen, die den Riten der australischen Aborigines, der Afrikaner, der amerikanischen Ureinwohner und der Indianerstämme ähneln. Joseph Campbell entdeckte, dass die drei Stufen der Übergangsriten mit den perinatalen Matrizen II bis IV identisch sind: Trennung (PGM II), Initiation oder Transformation (PGM III) und Rückkehr (PGM IV).

Diese Entdeckungen waren aufregend, und ich weiß, dass du anfangs überrascht und begeistert warst, wie viele neue Bereiche sich in der Psychiatrie auftaten. Aber du bist auch auf einige ernsthafte Herausforderungen in deiner Theorie gestoßen, die weit über die Geburt und die perinatalen Matrizen hinausgingen.

Es stimmt, dass ich sehr aufgeregt war, die Existenz der Geburtserinnerungen und der perinatalen Matrizen bestätigen zu können, doch das brachte auch weitere schwierige Probleme mit sich. In unseren LSD-Sitzungen konnten wir nicht nur die fötalen Erinnerungen durch die Stadien der PGM I, II und III erleben. Neben den fötalen und den Geburtsszenen gibt es in den PGM oft komplexe symbolische Szenen, die einer «erfahrungsorientierten Logik» folgen, wie wir gesehen haben. Im Falle der Hölle und des Fegefeuers in PGM II und III ließen sich die Emotionen, Schmerzen, Druckgefühle und das Ersticken als Teil der fötalen Erinnerungen erklären, nicht aber die entsetzlichen Teufel mit ihren Heugabeln und Henkersschlingen, die Sünder foltern oder durch Feuerflammen verbrennen. Das Gleiche galt für die Panoramen von epischen Kriegen und Revolutionen oder den Hexensabbat während PGM III. Die Sequenzen von PGM I und IV zeigten prachtvolle Visionen des Universums, Gottheiten in goldenem Licht, Himmel und Paradiese verschiedener Kulturen, ekstatische Lebensformen im Ozean und schöne tanzende Polynesier auf unberührten Inseln. Diese ließen sich nicht einfach als Geburtserinnerungen erklären.

Noch bemerkenswerter war, dass meine Klienten in ihren LSD-Sitzungen zum Zeitpunkt des Übergangs von PGM III zu IV Visionen von mythologischen Tod-Wiedergeburts-Gottheiten verschiedener Kulturen und historischer Epochen hatten, wie von der sumerischen Inanna, von Isis und Osiris (Ägypten), Persephone und Dionysos (Griechenland), vom nordischen Wotan, dem hawaiianischen Pele und dem aztekischen Quetzalcoatl. Mehrere meiner tschechischen und amerikanischen Klienten erlebten diese Gottheiten mit ungewöhnlichen Details, obwohl sie sie vorher nicht kannten. Gelegentlich mussten wir spezielle wissenschaftliche Quellen zu Rate ziehen, um die Beschreibungen in ihren Sitzungsberichten und gemalten Bildern zu bestätigen.

Als ich in die USA einwanderte und mythologische Beratung zu meinen psychedelischen Patienten oder Teilnehmern des Holotropen Atmens brauchte, rief ich meinen brillanten Freund Joseph Campbell an, der ein «wandelndes mythologisches Lexikon» war. In den meisten Fällen war er in der Lage, die Gottheiten – sogar obskure – aus den Mandalas und mündlichen Beschreibungen der Personen zu identifizieren. Einmal erzählte ich Joe von einem LSD-Patienten, den ich in Prag wegen Thanatophobie behandelt hatte. In einer seiner Sitzungen war er einer schrecklichen Schweinegöttin begegnet, die vor einem großen Eingang in der Unterwelt saß. Diese Gottheit verlangte von meinem Patienten, ein bestimmtes geometrisches Muster zu zeichnen; ohne dieses würde sie ihm nicht erlauben, ins Jenseits zu gehen. Ich versuchte zu verstehen, was es mit dieser mysteriösen

Geschichte auf sich hatte, aber meine Bemühungen waren vergeblich. Joe war begeistert und fasziniert; er meinte prompt: «Das war die polynesische Göttin des Todes und der Nacht der Malekulan-Kultur aus Neuguinea. Die Malekulaner mussten zu Lebzeiten üben, ein sehr komplexes geometrisches Muster zu zeichnen, denn ohne dieses würde ihre Göttin sie nach ihrem Tod nicht ins Jenseits übergehen lassen».

Joseph Campbell

Es gibt inzwischen viele Belege für die Existenz von Geburtserinnerungen. Diejenigen von uns, die psychedelische Reisen und Holotrope Atemsitzungen erlebt haben, haben oft mitbekommen, wie Teilnehmer spezifische Geburtserinnerungen wiedererlebt haben, die sich dann oft bestätigen ließen. Aber wie du gesagt hast, lassen sich viele der Bilder, die wir in perinatalen Matrizen sehen, nicht aus den Geburtserinnerungen ableiten. Der Fötus kann nicht alle Elemente, die Menschen oft während der PGM I, II und III-Sitzungen erleben, gesehen haben. Dasselbe gilt für die in perinatalen Matrizen auftauchenden symbolischen Visionen, mythologischen Persönlichkeiten und Szenerien; sie müssen aus einer anderen Quelle stammen als den Geburtserinnerungen.

Ja, wie wir gesehen haben, bestehen die perinatalen Matrizen aus fötalen Bildern und auch aus charakteristischen mythologischen und symbolischen Komponenten, die einer «erfahrungsorientierten Logik» folgen. Aber ich habe mich gefragt, was denn die geheimnisvolle Quelle dieser symbolischen Bilder war, wenn nicht die Geburtserinnerungen? Später sah ich immer wieder die gleiche Art symbolischer Erfahrungen, nachdem die fötalen Erlebnisse bei einigen meiner Klienten und in meinen eigenen Sitzungen verschwunden waren. Außerdem habe ich gesehen, dass die gleichen Bilder in den Sitzungen von Menschen auftauchen können, die durch einen freiwilligen Kaiserschnitt geboren wurden. Ich begann daraufhin, nur noch solche Erfahrungen als perinatale Erfahrungen zu bezeichnen, die fötale Bilder enthielten, und schuf eine neue Kategorie von Erfahrungen, für die ich den Begriff *«transpersonal»* prägte. Vor einigen Monaten schrieb mir ein kanadischer Freund und Psychiater eine E-Mail. Er war überrascht, weil einer seiner Patienten eine hohe Dosis Psilocybin eingenommen und eine «klassische PGM-III-Erfahrung» erlebt hatte, obwohl er durch einen freiwilligen Kaiserschnitt geboren worden war. Wir werden auf dieses Problem später im Zusammenhang mit der archetypischen Astrologie zurückkommen.

Der Abschluss der Konfrontation mit der perinatalen Schicht der Psyche und deren Verarbeitung beenden nicht die Erforschung des tiefen Unbewussten. Menschen, die in ihren psychedelischen Sitzungen keine fötalen Erlebnisse mehr haben, können ein großes Spektrum transpersonaler Erfahrungen machen. Die Regression kann bis zum pränatalen Leben, zur Embryogenese und sogar bis zur Erfahrung der Empfängnis mit der Verschmelzung von Spermium und Eizelle weitergehen. Ich habe in LSD-Sitzungen viele eindringliche Erfahrungen des Ahnen-, Rassen-, Karma- und stammesgeschichtlichen Bewusstseins gesehen, wobei sich die auf Erfahrung beruhende Identifikation rückwärts fortsetzt, entlang Darwins Stammbaum des Lebens. In psychedelischen Sitzungen ist es möglich, das Bewusstsein von Plankton im Ozean, von Bakterien und sogar von Viren zu erleben.

Vor der Erfahrung der Empfängnis sind die Spermien- und Eizellenkerne, die Chromosomen und die DNA die einzigen möglichen materiellen Gedächtnisträger. Einige Wissenschaftler, die LSD erlebt hatten, versuchten in dem Bemühen, die materialistische Philosophie zu retten, von DNA-Bewusstsein zu sprechen. Aber selbst die weit hergeholte Idee, dass die DNA all die in LSD-Sitzungen auftauchenden Erfahrungen aus der fernen Vergangenheit in sich tragen könnte, stößt auf erhebliche Probleme. Um in LSD-Sitzungen mit einer authentischen auf Erfahrung beruhenden Identifikation mit bestimmten Tieren in Berührung zu kommen, zum Beispiel mit einem Schimpansen oder einem Silberrücken-Gorilla, müsste die DNA zurück und dann vorwärts zu den Seitenästen des Stammbaums des Lebens fließen. Wir müssen also die Vorstellung von materiellen Gedächtnisträgern mindestens bis zu den perinatalen Matrizen aufgeben, um zu verstehen, was in psychedelischen Sitzungen geschieht. Wir brauchen eine Quelle, die über materielle Träger hinausgeht, wie Rupert Sheldrakes morphogenetische Felder, Ervin Lászlós Akasha-Feld oder Alfred North Whiteheads Prozessphilosophie.

Joseph Campbell sammelte, angeregt durch C.G. Jung, Mythen aus aller Welt und aus vielen historischen Epochen. Campbell war erstaunt, als er auf allen Kontinenten, Ländern, Kulturen und sogar bei abgeschiedenen Volksstämmen ähnliche Mythen und Geschichten fand. Diese Mythen handelten von Göttern und Göttinnen, Halbgöttern und sagenhaften Helden, die Tod und Wiedergeburt erlebten. An vielen Orten inspirierten diese Mythen die alten Mysterienreligionen von Tod und Wiedergeburt. Joe war auch überrascht zu entdecken, dass diese universellen

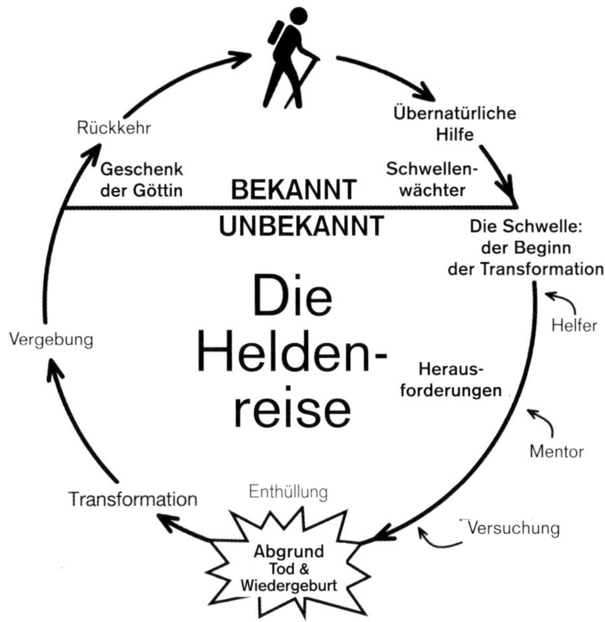

Die Heldenreise von Joseph Campbell

Mythen dem Muster folgten, das in den grundlegenden perinatalen Matrizen zu finden ist. Er schrieb schließlich *The Hero with a Thousand Faces* (Der Heros in tausend Gestalten) und später *The Hero's Journey* (Die Heldenreise), in denen er seine Entdeckung beschrieb, dass dieselbe Grundgeschichte im gesamten spirituellen Leben des Planeten Erde existiert, wenn auch mit einer Unzahl regionaler Abweichungen. Diese Geschichten wurden Kindern, jungen, erwachsenen und alten Menschen auf allen Kontinenten erzählt; viele von ihnen wurden über Jahrhunderte, ja Jahrtausende hinweg mündlich weitergegeben. Joe Campbell nannte dieses Phänomen eines universellen Musters den Monomythos; Phil Cousineau erweiterte den Begriff später zum *Metamonomythos.* Diese ähnlichen mythischen Muster sind allgegenwärtig, konnten aber nicht durch die Weitergabe über Reisen zu Wasser oder zu Lande erklärt werden. Sie tauchen auch in den psychedelischen Sitzungen von Menschen auf, die nie zuvor von ihnen gehört hatten.

Dieses phänomenale Weltarchiv der Mythen steht Menschen zur Verfügung, die in psychedelischen oder holotropen Sitzungen, in spirituellen Krisen und in der spirituellen Praxis in holotrope Bewusstseinszustände eintreten. C.G. Jung bestätigte, dass Elemente dieser Mythen aus dem kollektiven Unbewussten in Träumen, in den Berichten von Psychiatriepatienten, in Momenten der künstlerischen Inspiration und sogar bei Personen, die nichts von ihnen gewusst haben, auftauchen.

Marie-Louise von Franz, Skizze der allgemeinen Archetypen E-D-C-B-A (die Erde als Ganzes E, Kontinente D, Länder C, Regionen B, Volksstämme A.

Außerdem sind die Mythen nicht wahllos über den Globus verteilt. Sie sind wie auf Grundlage einer Art intelligenten Taxonomie vom Zentrum bis zum Rand der Kontinente verteilt. In einem von Marie-Louise von Franz skizzierten Schema sieht die Verzweigung und Ausbreitung kultureller Mythen wie das Bild einer knospenden Hefe aus.

Meine Reise zum Verständnis von LSD und anderen holotropen Bewusstseinszuständen glich einer spannenden und herausfordernden Schatzsuche. Jeder Fund auf dem Weg deutete auf die nächste Spur hin; was eine Antwort zu sein schien, mündete bald in die nächste Frage. Der letzte Anhaltspunkt, der bisher unerwartetste und vielversprechendste, war eine Wiederentdeckung aus der griechischen Philosophie und Kosmologie: das Verständnis der archetypischen Formen und der archetypischen Astrologie. Dieser Schritt war so bedeutend, dass ich die archetypische Astrologie als «den Rosettastein der Bewusstseinsforschung» bezeichne.

Wie hast du den Übergang von perinatalen Matrizen, transpersonalen Erfahrungen und Mythologie zu Archetypen und Astrologie in deiner Forschung vollzogen?
Der letzte große Beitrag zu meinem Verständnis von LSD und der erweiterten Kartographie der Psyche kam 1973, als ich an das Esalen-Institut in Big Sur, Kalifornien, zog und begann, mit Richard Tarnas zusammenzuarbeiten. Rick kam nach Esalen, um mit mir an seiner Doktorarbeit über die Psychotherapie mit LSD zu arbeiten. Arne Trettevik, ein Teilnehmer an einem unserer einmonatigen Workshops und ein erfahrener Astrologe, schlug vor, dass wir Astrologie erlernen und sie nutzen sollten, um unsere psychedelische Arbeit zu beleuchten. Nach einigem Zögern stimmten wir zu, diesen Weg zu erkunden, und Arne brachte uns bei, wie man Geburtshoroskope berechnet und zeichnet.

Rick Tarnas in Esalen, 1986

Rick arbeitete in Esalen als Nachtwächter und verbrachte viel Zeit damit, den atemberaubenden sternenübersäten Nachthimmel über dem Pazifik zu beobachten. Als die Esalen-Bewohner und Workshop-Teilnehmer herausfanden, dass er sich für Astrologie interessierte, standen sie tagsüber, wenn er in der Wachhütte arbeitete, Schlange, um von ihm Deutungen zu bekommen. Viele der Abenteuer und Geschichten ihres Lebens, die sie ihm daraufhin erzählten, stammten aus Holotropen Atemsitzungen, Gestaltarbeit, Erfahrungen spiritueller Notfälle und einige aus psychedelischen Sitzungen. Rick arbeitete auch in seiner Freizeit an seiner Dissertation, und wir führten viele Gespräche, unter anderem über die COEX-Systeme und perinatale Matrizen.

Zu unserem Erstaunen und unserer Überraschung entdeckten wir, dass die vier PGM eine tiefgreifende Ähnlichkeit mit Passagen aus einem typischen astrologischen Handbuch aufwiesen, in denen es um die Bedeutung der vier äußersten Planeten ging: PGM I mit Neptun, PGM II mit Saturn, PGM III mit Pluto und PGM IV mit Uranus. Das erschien uns als eine unglaubliche Synchronizität, da ich die Existenz der PGM aus der Beobachtung tausender Sitzungen meiner Patienten abgeleitet hatte, lange bevor ich etwas über Astrologie wusste. Nach kurzer Zeit ergab sich eine weitere erstaunliche Beobachtung – Rick fand heraus, dass die vier PGM zu dem Zeitpunkt eine wichtige Rolle in den Sitzungen von Personen spielen, wenn die entsprechenden Planeten in ihren Horoskopen durch Transite aktiviert werden. Diese unerwartete Verbindung zwischen LSD-Erfahrungen und den planetarischen Archetypen warf Licht auf zuvor unerklärliche Probleme.

Was verstehst du unter Archetypen, den Planeten als astronomische Körper und deren Rolle bei psychedelischen Erfahrungen?

Archetypen sind kosmische Urmuster und Leitprinzipien; sie sind Universalien, die als Schablonen für die Einzelheiten der materiellen Welt dienen. Das ursprüngliche griechische Wort bedeutet «erstgeformt» (von ἀρχή, was «Anfang» oder «Ursprung» bedeutet und τύπος, was «Muster», «Modell» oder «Typ» bedeutet). Archetypen sind abstrakte universelle Matrizen, die selbst transphänomenal sind, die sich aber in vielen verschiedenen Formen und auf vielen verschiedenen Ebenen der Realität manifestieren können.

Rick Tarnas (2006) beschreibt in seinem Buch *Cosmos and Psyche: Intimations of a New World View* drei weit gefasste Auffassungen und Blickwinkel zu den Archetypen. Sie können wahrgenommen werden als:

1. Mythologische Prinzipien (in Homers Epen, den griechischen Tragödien und der Weltmythologie)
2. Philosophische Prinzipien (in der Philosophie von Sokrates, Platon und Aristoteles)
3. Psychologische Prinzipien (in der Psychologie von C.G. Jung)

In seinem *Opus magnum* untersuchte Rick über 30 Jahre historischer Forschung, in der er Planetenaspekte und Transite mit dem Lebenswerk berühmter Persönlichkeiten und wichtigen Ereignissen in Wissenschaft, Technik, Kunst, Politik, Philosophie und Spiritualität in Zusammenhang brachte. Neben der Bestätigung überzeugender und konsistenter Korrelationen in diesen Bereichen konnte er anhand vieler Beispiele zeigen, dass planetarische Archetypen mannigfaltige Bedeutungen haben, während sie gleichzeitig ihrer grundlegenden thematischen Natur treu bleiben. Archetypen haben an und für sich keine besondere konkrete Form, sondern können in vielen ihrer mannigfaltigen Möglichkeiten ausgedrückt werden. Welche der vielen möglichen Erscheinungsformen der planetarischen Archetypen zu einem bestimmten Zeitpunkt auftauchen, scheint auf Faktoren wie der Beziehung der Menschen zu ihrer eigenen Psyche zu beruhen, ob sie Zugriff auf eine tiefe Verarbeitung haben, auf ihrem Alter und ihrer Lebensphase, dem kulturellen Kontext und, wie Rick andeutet, vielleicht auch auf unmessbaren Faktoren wie Karma und Gnade.

In holotropen Bewusstseinszuständen können wir manchmal Einblicke in die Mannigfaltigkeit der Archetypen erhalten, als ob sie sich als holographische Bilder manifestieren würden. Ich habe in *Der Weg des Psychonauten Band 2* ein Beispiel für holographische psychedelische Erfahrungen in einer meiner eigenen Sitzungen beschrieben. Darin schien ich eine Art kosmisches Theater zu sehen, in dem die Archetypen als Schauspieler im großen kosmischen Spiel *(Lila)* auftraten. Da war *Maya,* das geheimnisvolle ätherische Prinzip, das die Weltillusion symbolisiert; *Anima,* die das ewig Weibliche verkörpert; eine marsähnliche Personifikation von Krieg und Aggression; die Liebenden, die alle sexuellen Dramen und Romanzen durch die Zeitalter hindurch repräsentieren; die königliche Figur des Herrschers; der zurückgezogene Eremit; der schwer fassbare Trickster und viele andere.

Kehren wir zu unserer Diskussion über die vier äußeren planetarischen Archetypen und ihre entsprechenden PGM zurück, so können wir mit **Neptun (PGM I)** beginnen: Dieser mannigfaltige, vielschichtige Archetyp repräsentiert die Auflösung der Grenzen zwischen dem menschlichen Individuum und anderen Menschen, der Natur, dem gesamten Universum und Gott. Er manifestiert sich in Erfahrungen der mystischen Einheit und des kosmischen Bewusstseins, der imaginären Welt, spirituellen Reiche, idealistischen Träume und Bestrebungen, physischen und psychosomatischen Heilung, spirituellen Sehnsucht, erhöhten Intuition, ASW (Anm.: außersinnlichen Wahrnehmung) und kreativen Vorstellungskraft, im Element Wasser in den Flüssen, Seen und Ozeanen der Welt, Körperflüssigkeiten und der Fruchtwasserumgebung der Gebärmutter. Die Schattenseite des Neptuns kann sich in Form von Flucht in Phantasien, Wahnvorstellungen, Illusionen, Selbsttäuschung, psychotischen Realitätsverzerrungen, Individualitätsverlust, Verwirrung und Desorientierung, Alkoholismus und Drogensucht sowie der Verstrickung in die alltägliche Konsensusrealität bzw. die Welt des Samsara äußern.

Saturn (PGM II): Dieser archetypische Komplex markiert normalerweise wesentliche Entwicklungsabschnitte im menschlichen Leben; Zeiten harter Arbeit, Schwierigkeiten und Herausforderungen, Einschränkung, Begrenzung, Knappheit, Defizit, Unterdrückung, Verdrängung, Depression, Minderwertigkeits- und Schuldgefühle, Vergänglichkeit, Altern, Tod, das Ende der Dinge, schwierige persönliche Prüfungen und Leiden, aber auch das Schmieden dauerhafter Strukturen, Stabilität, die zu wichtigen Vollendungen führt, Tradition und Treue in Beziehungen oder der Ehe.

Pluto (PGM III) ist ein ungewöhnlich reicher und mannigfaltiger Archetyp. Er repräsentiert die Urenergien des Kosmos, der Natur und der menschlichen Gesellschaft, die Energien der Zerstörung und der Schöpfung, biologische Prozesse von Geburt, Sex und Tod, instinktive Kräfte im Körper und in der Psyche (das freudsche Es), psychospirituellen Tod und Wiedergeburt, Transformation und Regeneration, die Unterwelt (sei es städtisch, sozial, psychologisch, mythologisch, moralisch oder sexuell).

Uranus (PGM IV): Dieser Archetyp repräsentiert das Prinzip plötzlicher Überraschungen und dramatischer Veränderungen; Rebellion gegen den Status quo, revolutionäre Aktivität, Impulse in Richtung Befreiung und Individualismus; spirituelles Erwachen, emotionale und intellektuelle Durchbrüche, Zusammenbruch aufgebauter Strukturen, revolutionäre Einsicht, kreatives Genie und Originalität, Erfindungen und Technologie, besonders im Zusammenhang mit Elektrizität, Luftfahrt und Raumfahrt. Die Schattenseite des Uranus-Archetyps

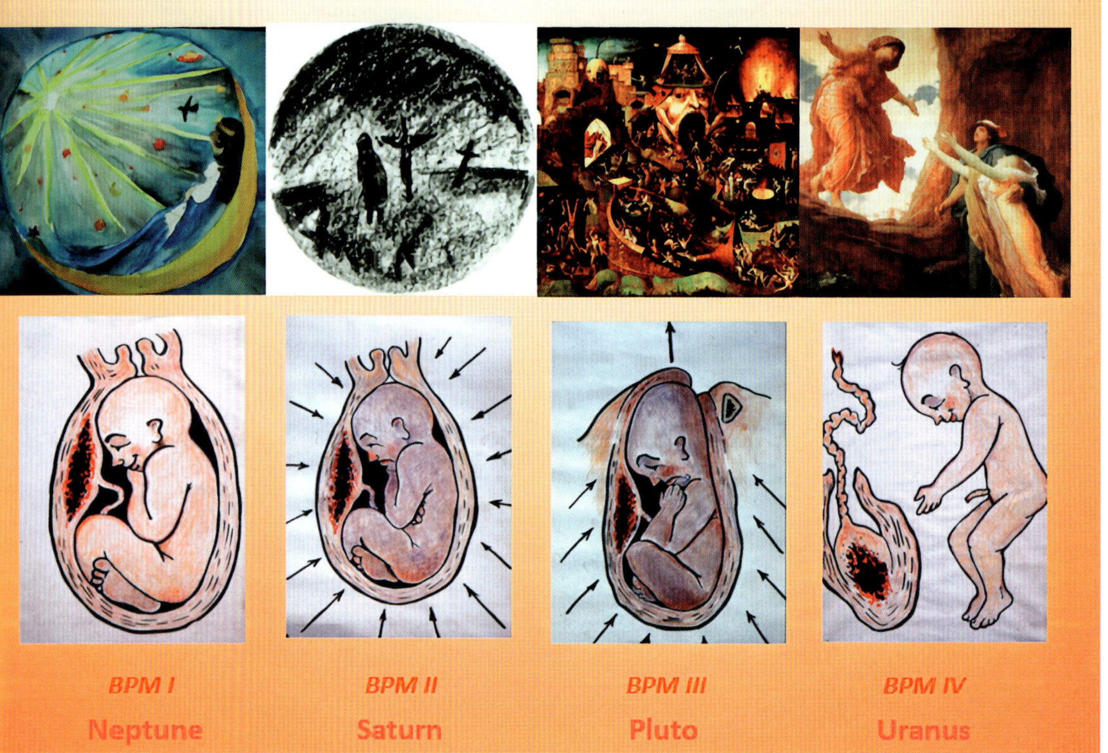

Die perinatale Sequenz nach Grof und Tarnas. **PGM I** «Im Schoß der Göttin» von Silvina Heath aus einer holotropen Atemsitzung während eines Transits von Neptun in Konjunktion zu ihrem Geburtsmond. **PGM II** «Landschaft des ewigen Schmerzes» von Tauno Leinonen aus einer holotropen Atemsitzung während eines Transits von Saturn im Quadrat zu seiner Geburtssonne. **PGM III** «Christus in der Vorhölle» von einem Anhänger von Hieronymus Bosch. **PGM IV** «Die Rückkehr der Persephone» von Frederic Leighton während eines Beinahe-Transits von Uranus im Quadrat zu seinem Geburtsmond und mit einem Geburtsaspekt von Mond in Opposition zu Uranus. Mit besonderem Dank an die Künstler; Dia von Renn Butler

beinhaltet Anarchie, unfruchtbare Exzentrik und wahlloses Handeln gegen Gesetze und Einschränkungen jeglicher Art. Uranos war der griechische Gott des Himmels und der Lüfte. Rick Tarnas hat jedoch aufgezeigt, dass die umfassendere archetypische Bedeutung von Uranus durch seine Verbindung mit der griechisch-mythischen Figur des Prometheus, dem rebellischen Trickster und Befreier, verstanden werden kann (siehe sein Buch *Prometheus the Awakener*).

Die mannigfaltige Natur der planetarischen Archetypen hilft, die **symbolische Logik** der Bilder zu erklären, die mit jeder der perinatalen Matrizen erscheinen. Jede Matrix stellt den Fötus in einem bestimmten Stadium der Geburt dar, aber sie umfasst auch eine Reihe von Menschen, Tieren und Szenen aus der Natur sowie Situationen, die dieselben Emotionen und körperlichen Empfindungen beinhalten, wie die wesentliche Qualität dieser PGM. Zu den ungestörten PGM-I-Erfahrungen gehört zum Beispiel der glückselige Fötus im Mutterleib; Symbolbilder, die ihn begleiten, sind der prächtige Sternenhimmel, die friedliche

Existenz von Wasserlebensformen im Ozean, unberührte polynesische Inseln, Sonnenaufgänge am Meeresufer oder Wasserfälle. All dies sind Erscheinungsformen des Neptun-Archetyps, und wir werden in der Regel feststellen, dass Menschen, die diese PGM-I-Elemente in ihren Sitzungen erleben, positive Neptun-Transite haben, die zum Zeitpunkt ihrer Sitzungen stattfinden.

Wie wir gesehen haben, lassen sich die Bilder in den PGM nicht als Erinnerungen an die biologische Geburt erklären. In LSD-Sitzungen sehen wir oft den fötalen Körper im Bauch und in der Gebärmutter der Mutter sowie jene anderen symbolischen Szenen, die durch eine **auf Erfahrung beruhende oder symbolische Logik** verbunden sind. Sowohl die fötalen Elemente als auch die entsprechenden symbolischen Szenen sind letztlich Schöpfungen der mannigfaltigen planetarischen Archetypen. In diesem neuen Verständnis sind die PGM konzentrierte Erscheinungsformen der planetarischen Archetypen Neptun, Saturn, Pluto und Uranus, die dann durch die zusätzlich beteiligten planetarischen Archetypen durch einen Transit weiter beeinflusst werden.

Die mythologischen Verkörperungen der planetarischen Archetypen werden auch die Tendenz haben, sich zusammen mit den entsprechenden perinatalen Matrizen zu manifestieren. Es könnte zum Beispiel sein, dass wir in PGM-I-Erfahrungen Visionen von Bodhisattva, Amida Buddha, Maya, Lila, Narziss haben; in PGM II: Kronos, der Sensenmann, Persönlichkeiten der griechischen Unterwelt wie Sisyphus, Tantalus, Ixion, Hades und Persephone oder die präkolumbianischen Todesgötter Cizin und Mictlantecuhtli; in PGM III: Pluto, Dionysos, Osiris, Kali, Shiva, Rangda, Pele, Quetzalcoatl; und in PGM IV: Prometheus, Helios, der ägyptische Gott Ra, Ahura Mazda, Barong oder große Muttergöttinnen wie Isis, Demeter, Aphrodite, die Jungfrau Maria, Lakshmi, Sarasvati oder Yemayá.

Viele Menschen sehen die Astrologie als den Gipfel des Aberglaubens. Sie nehmen Astrologie nicht ernst, weil ihnen die Vorstellung, dass Sterne am Himmel irgendetwas mit historischen Ereignissen, kreativen Talenten, Emotionen oder zwischenmenschlichen Beziehungen zu tun haben könnten, unerhört und lächerlich erscheint. Und doch behaupten Rick Tarnas und du, dass die archetypische Astrologie auf archetypisch-thematische Weise den Erfahrungsinhalt psychedelischer Sitzungen vorhersagen kann. Wie kannst du erklären, wie intelligente Menschen an Astrologie glauben können?

Die traditionellen Einwände gegen die Astrologie kommen aus dem Bereich der Physik und Astronomie, Disziplinen, die auf dem Weltbild des mechanistischen Materialismus beruhen. Astrologie macht keinen Sinn, solange wir glauben, dass

Rick Tarnas und Stan Grof in Big Sur, bei den Dreharbeiten zum Film *The Changing of the Gods*, 2015

Astrologen versuchen, Zusammenhänge zu erklären, die aus physikalischen Kräften wie Gravitation, elektromagnetischen Feldern, Radioaktivität, kosmischer Strahlung usw. entstehen. Während einer Diskussion mit Carl Sagan, dem berühmten amerikanischen Astronomen und Gegner der Astrologie, meinte er zu mir: «Astrologie ist Quatsch; so wie ich hier stehe, habe ich mehr gravitativen Einfluss auf Sie als Pluto.» Er dachte eindeutig in Begriffen von Masse, Entfernung, Gravitationskräften und anderen physikalischen Begriffen, ein Ansatz, der das moderne Verständnis der Astrologie völlig verfehlt. Kritiker der Astrologie wie Carl Sagan erkennen nicht, dass Astrologen ein ausgeklügeltes Paradigma verwenden, das eine synchronistische Beziehung zwischen den Planeten und Archetypen, der menschlichen Psyche und äußeren Ereignissen voraussetzt. Um Astrologie zu verstehen, müssen wir lernen, in einem grundlegend anderen Paradigma und in synchronistischen Begriffen zu denken.

Wir müssen verstehen, dass das Universum von einer unvorstellbaren Intelligenz erschaffen wurde. Die uranfänglichen Leitprinzipien oder kosmischen Kräfte innerhalb dieser Intelligenz sind die Archetypen. Diese schöpferischen Prinzipien sind gewissermaßen auf die Bewegungen der Planeten abgestimmt, indem sie Winkel zueinander bilden. Die Planeten verursachen keine Ereignisse in der Welt oder menschlichen Erfahrungen; sie zeigen lediglich auf synchronistische Weise an, wie der Zustand des archetypischen Bereiches zu einem bestimmten Zeitpunkt ist.

Wir können den Zusammenhang zwischen den Winkelausrichtungen der Planeten und der Aktivierung der archetypischen Prinzipien in der menschlichen Erfahrung mit einem einfachen Beispiel illustrieren. Wenn ich auf meine Uhr schaue, die genau die korrekte Zeit anzeigt, und sie zeigt, dass es sieben Uhr ist, kann ich daraus ableiten, dass alle richtig gehenden Uhren in der gleichen Zeitzone zeigen werden, dass es ebenfalls sieben Uhr ist. Ich kann ferner mit hinreichender Sicherheit davon ausgehen, dass ich beim Einschalten des Fernsehers die Sieben-Uhr-Nachrichten sehen kann oder dass meine Ankunft in dem Restaurant, in dem ich für sieben Uhr reserviert habe, erwartet wird. Das bedeutet natürlich nicht, dass meine Uhr einen direkten Einfluss auf andere Uhren in der Umgebung hat, dass sie die Fernsehnachrichten verursacht oder mit dem Bewusstsein des Restaurantpersonals interagiert. All diese Ereignisse sind lediglich in Bezug auf die astronomische Zeit synchronisiert, eine verborgene Dimension, die «hinter den Kulissen» wirkt und nicht direkt wahrgenommen werden kann. Da die Planeten sichtbar sind, kann man aus ihnen ableiten, was in der Welt der Archetypen geschieht. Ihre Winkelbeziehung zu den Positionen der Planeten in unserem Geburtshoroskop zeigt durch Transite an, wie sich die entsprechende archetypische Dynamik in unserem persönlichen Leben manifestieren könnte – auch in einer psychedelischen Sitzung.

Kannst du einen Vorschlag machen, wie mir die archetypische Astrologie in der psychedelischen Therapie helfen könnte – um zu klären, was ich in meinen Sitzungen in der Vergangenheit erlebt habe, um mich jetzt auf eine Sitzung vorzubereiten oder um die besten Sitzungstermine in der Zukunft zu wählen?

Wir haben bisher über die vier großen planetarischen Archetypen und ihre mannigfaltigen Erscheinungsformen gesprochen. Es gibt zehn Hauptkörper im Sonnensystem, die die archetypischen Astrologen betrachten, einschließlich der Sonne und des Mondes, die sich in einem ständigen dynamischen Wechselspiel befinden, während sie fortlaufende Ausrichtungen zueinander bilden. Die

Stan Grof auf der ITA-Konferenz in Prag, 2017

Kombinationen und Einflüsse der Planeten aufeinander ähneln auch den Wagnerschen Leitmotiven. Wenn wir LSD nehmen, stimmen wir uns auf das Feld der Archetypen ein, die sich gerade im Transit befinden. Die auftauchenden Erfahrungen, die den Charakter dieses archetypischen Feldes verkörpern, können aus jeder Schicht des Unbewussten kommen: postnatal, perinatal oder transpersonal (karmisch, historisch, stammesgeschichtlich, mythologisch und andere). Die Tiefe und Intensität dieser Erfahrungen hängt dann von der verwendeten Dosierung, dem Set und Setting, der vorangegangenen Anzahl nach innen gerichteter Erfahrungen, dem Grad der spirituellen Praxis, der Qualität des Vertrauens zu den Sittern oder Leitern und den wirksamen Planetentransiten ab.

Die Bandbreite möglicher Ausdrucksformen und Kombinationen der mannigfaltigen, von den Transiten angesprochenen Archetypen ist groß und lässt beträchtliche Kreativität und sogar kosmischen Humor im göttlichen Spiel zu. Interessant ist auch, wie COEX-Systeme an archetypisch-astrologischen Erscheinungsformen beteiligt sind – das heißt, die Hauptaspekte im Horoskop eines Menschen werden tendenziell wichtigen COEX-Systemen in seiner Psyche entsprechen. Darüber hinaus zeigt die Aktivierung dieser Geburtsaspekte durch Transite, wann diese COEX-Systeme am ehesten im Bewusstsein auftauchen, um tief verarbeitet und gelöst zu werden. Die Astrologie kann also genutzt werden, um Erfahrungen in der Vergangenheit, Gegenwart oder Zukunft zu beleuchten.

Die Art der Vorhersagen, die wir berechtigterweise machen können, sind jedoch eher von archetypischer als konkreter, spezifischer Natur – wir müssen immer die gesamte Bandbreite, Mannigfaltigkeit und mehrstufige Natur der planetarischen Archetypen berücksichtigen.

Nachdem du nun die verschiedenen Perioden und Stadien deiner LSD-Forschung erkundet hast, von der pharmakologischen bis zur archetypischen, was ist dein gegenwärtiges Verständnis dieser bemerkenswerten Substanz?
Die 65 Jahre, in denen ich LSD und andere Psychedelika erforscht habe, waren eine Reise mit bemerkenswerten Abenteuern der Entdeckung und Selbsterkundung. Als Reaktion auf die Beobachtungen der LSD-Erfahrungen war es notwendig, einige fundamentale Revisionen und Ergänzungen des in der Psychiatrie und Psychologie verwendeten Modells vorzunehmen. Die Kartographie der Psyche musste erheblich erweitert und vertieft werden durch die Einbeziehung von zwei großen zusätzlichen Bereichen, dem perinatalen und dem transpersonalen; letzterer Bereich überschneidet sich wesentlich mit Jungs Idee des kollektiven Unbewussten. Diese neue Kartographie in der Psychiatrie kann vieles erklären, was die alte Psychiatrie nicht konnte – zum Beispiel die Natur und Intensität menschlicher Gewalt, die meisten emotionalen und psychosomatischen Störungen und das rituelle, spirituelle und religiöse Leben der Menschheit (Schamanismus, Übergangsriten, die alten Mysterien von Tod und Wiedergeburt sowie die Praktiken und Erfahrungen der großen Religionen).

Die Psychedelika haben uns gezeigt, dass das mechanistisch-materialistische Weltbild, das wir aus dem 17. Jahrhundert geerbt haben, erheblich veraltet ist und durch eine postmaterialistische Philosophie und Kosmologie ersetzt werden muss, die die Beobachtungen der psychedelischen Therapie erklären und die große Kluft zwischen Wissenschaft und Religion überbrücken kann. Wenn Psychiatrie und Psychologie die perinatalen und transpersonalen Bereiche der Psyche in ihr Verständnis integrieren, direkt mit holotropen Bewusstseinszuständen arbeiten und lernen könnten, der inneren heilenden Intelligenz der eigenen Psyche des Klienten zu vertrauen, würde dies die Wirksamkeit von Therapie und Heilung in diesen Bereichen erheblich verbessern. Ich hoffe, dass wir in der Zukunft Einrichtungen haben werden, in denen erfahrene Therapeuten und Sitter Psychedelika und andere holotrope Bewusstseinszustände auf eine tiefe und verantwortungsvolle Weise nutzen, unter der Führung durch die archetypische Astrologie.

Ich habe beobachtet, dass meine LSD-Patienten und Auszubildenden in Holotroper Atemarbeit, die eine ganze Reihe von Sitzungen erlebt haben, nicht nur ihren emotionalen Zustand und ihr allgemeines Wohlbefinden verbesserten, sondern auch unabhängig voneinander eine ähnliche positive Weltsicht, ein ähnliches Wertesystem und eine ähnliche Lebensphilosophie entwickelten. Sie zeigten mehr rassische, sexuelle, politische und religiöse Toleranz und ersetzten Konkurrenzdenken als Lebensstrategie durch eine Strategie der Synergie und Kooperation. Sie entwickelten automatisch eine Liebe zur Natur, eine große ökologische Sensibilität und ein Gefühl der Zugehörigkeit zur Menschheit sowie einen Sinn für planetarische Staatsbürgerschaft. Eine weitere wichtige Eigenschaft war eine starke Ablehnung von Gewalt als vertretbares Mittel zur Konfliktlösung. Am überraschendsten war vielleicht das Auftauchen einer Spiritualität mystischer Natur bei vielen meiner Klienten und Auszubildenden, die dazu tendiert, nicht-sektiererisch, nicht-konfessionell, universell, allumfassend und ganzheitlich zu sein. Ich habe diese Art der Transformation bei vielen Hunderten von Menschen zutage treten sehen. Wenn es möglich wäre, diese Veränderung bei einer großen Anzahl von Menschen zu erreichen, hätte die Menschheit eine bessere Chance, die vielen vor uns liegenden Krisen zu überleben.

Vielen Dank, Stan, für dieses Interview und für alles, was du der Menschheit mit deiner engagierten Forschung zu holotropen Bewusstseinszuständen und Psychedelika über diesen langen Zeitraum deines Lebens gebracht hast! Herzlichen Glückwunsch zum Geburtstag und noch viele weitere kommende wunderbare Lebensjahre!

Stan und Brigitte Grof feiern Stans Geburtstag zuhause in Deutschland, 2020

Grußworte

Stan, Solothurn 2014

Lieber Stan!

Als ich vor rund 40 Jahren begann, Bücher zu psychoaktiven Substanzen zu vertreiben – damals noch unter dem Namen *Ganesh Press* – gab es nicht allzu viele gute Literatur und Sachbücher zu diesen Themen. Nebst dem Grundlagenwerk von Albert Hofmann (*LSD – Mein Sorgenkind*), Büchern von Timothy Leary und Ralph Metzner (u.a. *Psychedelische Erfahrungen*) waren Deine beiden Bücher *LSD-Psychotherapie* sowie *Topographie des Unbewussten* bereits wichtige Standardwerke, die ich angeboten hatte.

Nie hätte ich mir damals vorstellen können, dass wir uns später begegnen, uns austauschen und immer wieder treffen würden – und schon gar nicht hätte ich mir damals erträumt, Deine wie auch die Bücher von Albert Hofmann und Ralph Metzner in meinem 1984 gegründeten Verlag zu veröffentlichen. Welche Ehre, Dein Lebenswerk *Der Weg des Psychonauten* nun vielen interessierten Menschen zugänglich machen zu dürfen! Ebenso ein anderes, Dir am Herzen liegendes Buch über die Arbeiten von HR Giger stellt ein bedeutendes Werk dar:

Stan und Roger anlässlich des 30-Jahre-Jubiläums des Nachtschatten Verlages, Solothurn 2014

Nicht nur Hansruedi hat mit seinen Bildern den Zeitgeist des 20. Jahrhunderts getroffen (so auch der passende Buchtitel), sondern Dein ganzes Wirken trifft diesen immer wieder – und in vielem bist auch Du der Zeit oft voraus. Der Einfluss Deiner Bücher auf die Erweiterung des Bewusstseins und die Erforschung des Potenzials der menschlichen Psyche werden wohl erst unsere Nachkommen in der ganzen Fülle und Breite erkennen.

Dass Du zum legendären 30-jährigen Geburtstag des Nachtschatten Verlages im Jahre 2014 den Weg nach Solothurn gefunden hast, war eine besonders große Freude – für die ganze Verlags-Crew ebenso wie für alle anderen Nachtschatten-Autoren auf der unvergesslichen Schiffsfahrt von Solothurn nach Büren.

Ich wünsche Dir, dass Du mindestens das sagenhafte Alter unseres Mentors und Vorbildes Albert Hofmann erreichst: Seit Du durch die wunderschöne Beziehung zu Brigitte in einen Jungbrunnen gefallen bist, zweifle ich nicht daran!

In tiefer Verbundenheit,
Dein Roger

Chris und Stan, Zürich 2013

Lieber Stan,

zu Deinem 90. Geburtstag wünsche ich Dir von Herzen Gesundheit und Lebenskraft und dass Du Dich noch lange an den Früchten Deines bahnbrechenden Lebenswerks erfreuen kannst.

Als ich mit meinem Partner Roger Liggenstorfer zu regelmäßigen Besuchen bei Albert und Anita Hofmann auf der Rittimatte war, sprachen wir oft über die Entwicklung der psychedelischen Kultur, und immer wieder fiel Dein Name. Doch zunächst absolvierte ich eine Ausbildung bei Ralph Metzner, lernte seine Arbeit kennen und erhielt dann die Gelegenheit, seine Bücher zu übersetzen.

Dass ich schließlich auch Dich kennenlernte und einige Deiner Werke ins Deutsche übertragen durfte, erfüllt mich mit besonderer Freude. Die Übertragung von Texten in eine andere Sprache bedingt nicht nur, dass man sich intensiv mit den Werken und ihren Zusammenhängen auseinandersetzt, sondern auch mit dem Autor selbst, mit seinem Lebenslauf und dem Werden seiner Gedanken, um den Sinn seiner Worte richtig zu erfassen.

Für diese besondere Verbindung zu Dir und Deinem Werk bin ich sehr dankbar. Und die Erinnerung an Deine überaus warmherzige Liebe für Deine Mitmenschen, die bei unseren Begegnungen stets aus Deinen Augen strahlte, ist ein Schatz, den ich tief in mir aufgenommen habe und beim Übersetzen immer vor mir sehe.

Mögest Du die Wunder der Schöpfung, die Albert und Anita so verehrten, noch viele Jahre bei bester Gesundheit an der Seite Deiner wunderbaren Brigitte genießen.

Alles Liebe,
Chris(tine) Heidrich

Lieber Stan,

es ist jetzt 30 Jahre her, seit ich zum ersten Mal ein Buch aus Deiner Feder gelesen habe. Fasziniert rezipierte ich die Erkenntnisse, Thesen und psychedelischen Philosophien – freilich ohne sie als Teenager wirklich nachvollziehen oder gar verstehen zu können. Wenn ich heute dieselben Werke in die Hand nehme und mir zu Gemüte führe, ist da ein ganz anderes Verständnis in mir, ausgelöst durch Jahrzehnte eigener Erfahrungen in den holotropen Bereichen der Psyche und der Erfahrungsmatrix dieser Realitätsebene.

Als glühender Fan der psychedelischen Altmeister, zu denen ich Dich unbedingt zähle – Du bist es zweifellos – bin ich heute glücklich, Dich persönlich kennengelernt zu haben und die von Dir ausgehende Weisheit und spirituelle Wahrheit hautnah erleben zu dürfen – und so auch mein kosmologisches Weltbild bestätigt zu sehen. Wir sind alle eine einzige Energie, die mit sich selbst spielt, um sich und ihre Potenzialität in allen möglichen Facetten zu erfahren. Du bist eine dieser wunderbaren Facetten, einer dieser weisen Erfahrungskörper, die diese Welt so dringend braucht, weil sie anderen so viel Licht und Hoffnung, eben Erinnerung bringen, wer sie wirklich sind. Und dafür können wir Dir gar nicht genug danken. Ich freue mich, Deine Werke als Co-Verleger des Nachtschatten

Markus und Stan, 2018 am Bicycle Day in Münchenstein bei Basel

Verlags heute mitverlegen zu dürfen – und entsprechend Einfluss auf das Erscheinungsbild der Publikationen nehmen zu können. Ein Traum ist wahr geworden, ohne dass ich je zu hoffen gewagt hätte, dass wir alle eines Tages eine große psychedelische Familie sein werden.
Wir danken Dir für alles, was Dich und Dein Lebenswerk ausmacht, lieber Stan! Wir freuen uns, dass wir zusammen mit Dir Dein tatsächlich schon 90. Wiegenfest feiern dürfen – auch wenn wir uns leider nicht persönlich treffen können, was der derzeitigen Situation geschuldet ist, aber innere Reisen bringen uns zusammen – egal, wo wir sind.

Markus Berger

Lieber Stan,

als ich Markus kennen und lieben lernte, ahnte ich nicht, wie sehr das mein Leben verändern würde. Als dann mein Bruder plötzlich verstarb, hatte ich viele Fragen, und Markus zeigte mir Wege auf, Antworten zu finden. Er gab mir Deine Literatur an die Hand und seitdem bin ich begeistert von Deiner Art, Dinge zu erklären, zu beschreiben, zu trösten.

Ich danke Dir von ganzem Herzen für Deine unglaublich wertvolle Arbeit.

Jutta Berger

V.l. Jutta und Markus Berger, Roger Liggenstorfer, Chris Heidrich, Brigitte und Stan Grof, Christian Rätsch und Claudia Müller-Ebeling in Münchenstein bei Basel, Bicycle Day, 20. April 2018

Brigitte, Stan und Ingo

Lieber Stan,

es ist mehr als es Worte ausdrücken können, wenn ich mich in die Reihe der Vielen stelle, die Dir zu Deinem 90. Geburtstag gratulieren. Es ist das unendliche Viele, das Du der Welt in Deinen Jahren gegeben hast. Du hast Vielen die Augen geöffnet dafür, dass in jedem Einzelnen das Wunder des Ganzen aufscheint, dass, wie vertrackt die Dinge auch erscheinen, es sich lohnt, dem Prozess zu vertrauen, weil dieser letztendlich nur die Liebe hervorbringt, weil es ein Wachsen ist in ihre Bedingungslosigkeit.

Es ist für mich ein so unsagbares Geschenk, dass es Dich gibt. Du hast immer Verstand und Herz, Himmel und Erde zusammen gesehen. Für mich warst Du ein wundervoller Lehrer und gleichzeitig verhieltest Du Dich wie ein Mensch, der lebenslang lernt.

Ich sage dies in tiefem Respekt und großer Dankbarkeit.

90 Jahre erinnern uns auch an die Endlichkeit. Mögest Du gesund bleiben und immer da.

Freiburg 1. Juli 2021
Ingo Benjamin Jahrsetz

Lieber Stan,

ich sende Dir meine herzlichsten Glückwünsche zu Deinem großen Geburtstag! - Heute feiert das Universum Deine Existenz. Denn nur durch Dich existiert das Universum.

Auch ich verdanke Dir eine zentral wichtige Säule meiner Existenz. Du hast mir eine neue Welt, eine Welt des Wunderbaren, zugänglich gemacht, als Du mich 1983 nach Esalen eingeladen hast, damit ich an der *Conference on Psychedelic Research* teilnehmen konnte. Ich bin Dir unendlich dankbar!

Es ist eine große Freude, dass es Dich gibt.

Dein Freund
Christian Rätsch

PS. Ich danke auch den Ameisen von Palenque!

Herzlichen Glückwunsch zu Deinem 90. Geburtstag (am 1. Juli 2021), lieber Stan, und nachträglich auch zur Hochzeit mit Deiner lieben Frau und langjährigen Wegbegleiterin Brigitte!

Ihre Initiative und das engagierte Team vom Nachtschatten Verlag (namentlich Roger Liggenstorfer und Markus Berger) ermöglichen allen in diesem Buch Versammelten, Dir für individuell nachhaltige Impulse Deines Lebenswerkes zu danken.

Als Kunsthistorikerin fühle ich mich Dir vor allem durch unsere gemeinsame Begeisterung für visionäre Kunst verbunden. Sie motivierte uns (aus jeweils eigener Expertise) zur vehementen Fürsprache für Künstlerinnen und Künstler, deren Werk (auch) von psychonautischen Erfahrungen inspiriert wurde, weshalb der Kunstbetrieb sie leider meist ignoriert. Ich weiß, wie viel daher Deine Anerkennung dem Schweizer Künstler HR Giger (1940-2014, Death-Metal-Visionär und Oscar-Gewinner für Alien, 1979/80) bedeutet hat! Unsere Zusammenarbeit am Bildband *HR Giger and the Zeitgeist of the Twentieth Century* (2014 im Nachtschatten Verlag) – und Deine persönliche Widmung – ist mir auch deshalb eine Ehre.

Drei Begegnungen mit Dir blieben mir in lebendiger Erinnerung.

Die erste nach Deinem Vortrag in der Markthalle Hamburg (Ende der 1980er oder Anfang der 1990er Jahre), wo Du den vollbesetzten Saal mit Deinen psychonautischen Reisen in geschliffenem Deutsch bezaubert hast. Damals hatte

Podium 30 Jahre Nachtschatten Verlag, Solothurn 2014

ich, zugegebenermaßen, weiche Knie vor dem respekteinflößenden Pionier aus Prag und Esalen. Als ich Dich am folgenden Tag durch die berühmte Jugendstil-Sammlung im Museum für Kunst und Gewerbe führen durfte, die ich für Bestandskataloge bearbeitete, schenkte mir Deine bärenhafte Ruhe und Dein Interesse wieder sicheren Boden.

1995 begegnete ich Dir in Killarney, Irland, anlässlich der 11. Konferenz der *International Transpersonal Association* (ITA) – dank der Einladung unseres lieben gemeinsamen Freundes Ralph Metzner (1936-2019).

Anfang September 2014 ermöglichte uns Roger Liggenstorfer ein Wiedersehen mit Dir und Ralph zur Jubiläumsveranstaltung *30 Jahre Nachtschatten Verlag* in Solothurn. Dieses kostbare Lebensgeschenk tatsächlich letzter gemeinsamer Stunden zu viert war uns (d.h. Christian Rätsch und mir) sehr bewusst.
Umso glücklicher waren wir, Dich gesund und munter an der Seite Deiner Frau Brigitte am 19. April 2018 in Basel wieder zu sehen, im Rahmen der von Roger Liggenstorfer und Lucius Werthmüller organisierten Jubiläumsveranstaltung *75 Jahre LSD – Wohin führt die Reise?* Möge sie Dir und Euch beiden Glück und Gesundheit bescheren!

Dr. Claudia Müller-Ebeling, Kunsthistorikerin, Ethnologin und bekennende Psychonautin

Lieber Stan,

mein Vorbild und Lehrer, guter Freund und Mitmensch!

Wer,

Was,

Wo wäre ich ohne Dich?

Als ich mich im Sommer 1988 in München an einem Deiner Workshops spontan entschloss, eine Ausbildung in «Holotropic Breathwork» bei Dir in den USA zu beginnen, ahnte ich nicht, wohin mich die Reise führen würde. Es ging eine Faszination von Dir und jener ersten Atemsitzung aus, die keinen Zweifel an dem Entscheid zuließ.

Zu Anfang verstand ich kein einziges Wort von dem, was Du lehrtest. Du sprachst davon, dass die Speisekarte nicht das Essen und die Landkarte nicht die Gegend sei. Heute brauche ich weder eine Speise- noch eine Landkarte – ich kenne beide und weiß um ihre Bedeutung. Ich habe die Speise gegessen, habe Länder bereist, und ich bin an vielen Orten angekommen, von denen Du berichtetest. Die Atemerfahrungen bei Dir und die zahlreichen weiteren, die ich nach der Ausbildung in den letzten 30 Jahren sammelte, konnte ich dank Deinen Wegweisern als ein von Dir gut ausgerüsteter Geselle verstehen. Du hast in den Teachings hauptsächlich Deine Erfahrungen mit psychedelischen Substanzen beschrieben – auch das vermochte ich zunächst nicht einzuordnen. Da Du davon aber so eindrückliche Schilderungen gabst, erkannte ich auf meinem eigenen psychedelischen Weg die auftauchenden Phänomene nachträglich wieder. Auch diese Welt erforschte ich auf allen möglichen verschlungenen Pfaden. Deine Bücher und Vorträge wurden dabei zur unerlässlichen Orientierungshilfe. Deine kleine, an mich gerichtete Bemerkung am Ende der Ausbildung «You should go on with psychedelics» harrte in meinem Hinterkopf aus, bis die Zeit reif war, dass die Substanzen mich fanden.

Du hast auch Phänomene aus früheren Leben geschildert. 20 Jahre dauerte es, bis ich auch dies als selbst Erlebtes meinem Erfahrungsschatz hinzufügen konnte. Noch während ich es begriff, schickte ich Dir in meinem Inneren einen Dank für Deine Lektion.

1990 in Portland schwebte ich in einer Sitzung über einem Balken, der über die gesamte Länge mit Rasierklingen gespickt war. In der Gewissheit, dass ich beim Fallen in zwei Teile zerschnitten würde, hielt ich mich krampfhaft an einem starken Ast fest, bis mir die Kräfte schwanden und ich dem sicheren Tod zustimmen musste. Ich

Ausbildungsgruppe Holotropes Atmen, Kalifornien 1991

ließ den Ast nicht los, dieser neigte sich aber langsam dem gefährlichen Balken zu. Ja, ich wurde zerschnitten – doch als ich wiedergeboren die Augen aufschlug, erkannte ich, dass Dein starker Arm der mich haltende Ast war, an dem ich starb und wiedergeboren wurde. Dieses Bild lebt in mir als ein Inbegriff Deiner Person.

Für mich bist Du Deine Arbeit, Dein Werk. Hätte ich mich damals nicht für Dich und damit für mich entschieden, hätte sich mir die Welt der Psychedelics nie geöffnet. Ich wüsste nichts von diesen unaussprechlichen, immer neuen Räumen und Erkenntnissen, und die unendliche dahinter liegende Weisheit wäre mir verschlossen geblieben.

Auch dem «Atmen» bin ich immer noch treu. Zurzeit bin ich leider nach 30 Jahren zum ersten Mal wegen der Pandemie an der Weiterführung von regelmäßigen Atemwochenenden gehindert.

Es war mir und Konrad immer eine große Ehre, Dich in Zürich bei uns haben zu dürfen.

Am allerwichtigsten für mich steht hier und heute aber meine Dankbarkeit dafür, dass Du das Vorwort – und was für eines – zu meinem Buch geschrieben hast. Wer, was, wo wäre ich? Ohne Dich wäre ich nicht an dem Ort, an dem ich bin, und ich wäre nicht die, die ich geworden bin.

Kurz vor seinem 100. Geburtstag sagte Albert Hofmann einmal entschuldigend: «Ich bin ja nicht mehr 90 ...». Dir und uns wünsche ich von Herzen, dass Du in der Zukunft das Gleiche sagen wirst. Wir erfreuen uns an jedem Tag, den Du auf dieser Seite in Deinem Körper, mit Deinem «impeccable mind» bei uns bist.

Und darf ich Dir am Schluss noch etwas verraten: Mit «Good luck, Mr. Gorski» holen wir Dich und Deinen treffsicheren Humor bei passender Gelegenheit immer wieder in unseren Alltag.

Lieber Stan, was jetzt bleibt, ist die Dankbarkeit und die Liebe.

God bless you! Shalom! Namasté!

Much Love,

Deine Friederike, Deine Schülerin und nun selbst Lehrerin,
Deine Freundin und Mitmenschin

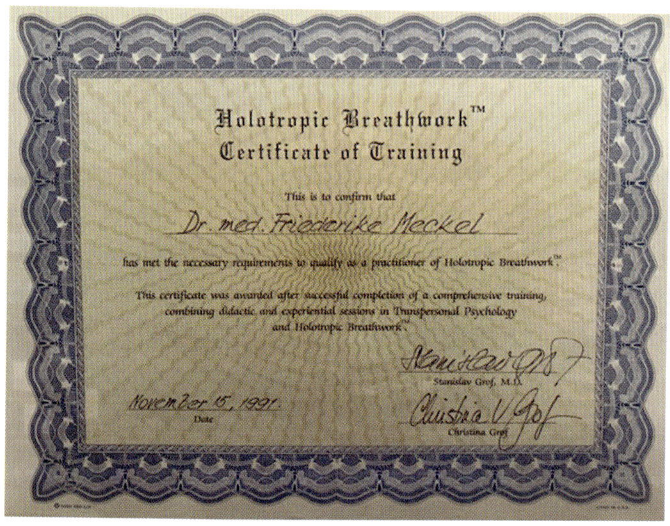

Holotropic Breathwork™
Certificate of Training

This is to confirm that

Dr. med. Friederike Meckel

has met the necessary requirements to qualify as a practitioner of Holotropic Breathwork™.

This certificate was awarded after successful completion of a comprehensive training, combining didactic and experiential sessions in Transpersonal Psychology and Holotropic Breathwork™.

November 15, 1991
Date

Stanislav Grof, M.D.

Christina Grof

Ausbildungszertifikat Friederike Meckel Fischer, 1991

Stan, Friederike und Leta

Stan und Theo

Lieber Stan!

Zu Deinem 90. Geburtstag möchten Leta und ich Dir von ganzem Herzen gratulieren. Seit 1984, als wir Dich und Deine Arbeit anlässlich eines Astrologie-Weltkongresses in Luzern kennenlernten, erfüllst Du unsere Herzen immer wieder mit tiefer Dankbarkeit.

Es sind nun bereits 33 Jahre, dass wir mit Deiner Methode des Holotropen Atmens auf inneren Befreiungspfaden sind und unser «Atelier für transpersonale Psychologie» entpuppte sich zusehends als ein authentisches «Freedom Camp».

Eine Deiner verschmitzt-tiefgründigen Aussagen zitiere ich gerne in unseren Gruppen: «Sigmund Freud fischte – auf einem Wal sitzend!» So weiß ich es über alles zu schätzen, dass Du den von Dir umfassendst beobachteten «Wal» in unsere pittoreske Luzerner Landschaft entführt hast, wo wir doch sonst bloß in idyllischen Süsswasser-Seen eingebettet sind.

Für Leta und mich war es all die Jahre inspirierend, belebend und beglückend, Dich auf vielen Vortragsreisen begleiten und sogar mitarbeiten zu dürfen, sei es in Santa Rosa Ca., in Killarny, Prag, Paris, Bonn, Ascona, Palm Springs und Basel.

So wünschen wir Dir viel Freude und Genugtuung beim Rückblick auf ein reiches und erfülltes Leben und noch viele glückliche Tage gemeinsam mit Brigitte auf unserer geliebten «Mother Gaia».

In herzlichem Verbunden-Sein
Theo & Leta

Luzern, 5. Juni 2021

Lieber Stan,

wer hätte das vor 35 Jahren in Esalen gedacht, dass ich mit Dir, Brigitte, Gilberto, Javier und anderen Freunden in Südamerika arbeiten würde.

Ich erinnere immer wieder gerne unsere gemeinsamen Abenteuer, der Hubschrauberflug über den Gewässern von Iguazú, Galapagos, Deine Hochzeitsrituale mit Brigitte, unsere gemeinsame Arbeit und die vielen schönen Begegnungen mit Menschen der verschiedensten Kulturen.

Vor vielen Jahren hast Du mir die Türen in die Transpersonale Psychologie geöffnet, Sicherheit für psychedelische Erforschung gegeben und neue Wege der Selbsterfahrung durch das holotrope Atmen gezeigt.

Es war mir immer eine Freude, von Deinem großen Wissensschatz zu lernen und in Deiner liebevollen Präsenz zu arbeiten.

Du warst mir immer ein geliebter Mentor, Lehrer und Freund.

Ich wünsche Dir mit Deinen nun goldenen 90 Jahren noch viel Zeit für alles, was Du liebst …

Much Love
Viktoria

Vicky und Stan

Sylvester und Stan

Lieber Stan,

zu Deinem 90. Geburtstag wünsche ich Dir Gesundheit, Freude und Segen. Es mögen Dir und Deiner lieben Frau Brigitte noch viele gemeinsame Jahre vergönnt sein.

Als ich Dir bei einem Vortrag in Salzburg das erste Mal begegnete, war mir sofort klar, dass sich für mich etwas Bahnbrechendes ereignete. Es erfasste mich eine Energie, die mich bis heute nicht mehr losgelassen hat, denn auf einmal fügte sich zusammen, was bisher getrennt schien: moderne Psychologie und alte Weisheitslehren, Psychotherapie und Spiritualität. Damit begann ein Weg, der für mich sowohl privat als auch beruflich umwälzende Veränderungen zur Folge hatte.

Ich erlebe es als großes Glück von Deinem reichhaltigen Wissen, Deiner tiefen Weisheit, Deiner bedingungslosen Liebe und Deinem unerschütterlichen Mut gelernt zu haben. Allein, wenn ich daran denke, wie Du mich und viele andere Menschen, über die Begrenzungen des Bewusstseins hinaus, in die Tiefen des Seins geführt hast, erfüllt mich das mit großer Achtung und Demut. Mich beeindruckt aber auch, wie Du Dich, etwa in der Ausbildungsgruppe, offen und leidenschaftlich auf fachliche Diskussionen eingelassen hast. Dieser geniale Weg vom Erleben zum Verstehen und Erklären bewirkt ein tiefes Vertrauen in die «psychonautische» Arbeit.

Du bist ein Stern, dessen Licht den Menschen Orientierung, Freude und Zuversicht in die Herzen bringt. Du bist und bleibst für mich ein großes Vorbild! Ich wünsche Dir das Allerbeste und bin zutiefst dankbar, für Dein Wirken und Dein Werk!

Dein Sylvester

Verehrter Stan!

Auch ich schließe mich der großen Zahl von Gratulanten zu Deinem 90. Lebensjahr an! Es ist eine kostbare Gelegenheit, Dir zu danken und auszudrücken, was für eine wichtige Rolle Du für mich als Lehrer und Mentor gespielt hast.

Ich hatte das Glück, Dir in einem Augenblick zu begegnen, als ich voller Zweifel – und Möglichkeiten – über meine künftige berufliche Ausrichtung war. Ich kann deshalb ohne Zögern sagen, dass es eine lebensbestimmende Begegnung war.

Es war bei der ITA-Konferenz von 1979 in Mumbai. Ich lebte damals in der Schweiz und war erstaunt zu erfahren, dass auch Jungianer zur Konferenz eingeladen waren; und mit ihnen sogar mein spiritueller Lehrer Swami Muktananda. Ich flog nach Indien, um herauszufinden, was diese «Transpersonal Association» überhaupt war.

Ich war tief berührt über diese Erkundung der gegenseitigen Verbindung zwischen Spiritualität und Psychologie. Mein Enthusiasmus ging so weit, dass ich mich anerbot, die nächste Begegnung zu organisieren, als am Ende der Mumbai-Konferenz Freiwillige für diesen Job gesucht wurden. Obwohl ich keinerlei organisatorische Erfahrung hatte, schlug ich die Schweiz als nächsten Veranstaltungsort vor, und mich als Koordinatorin. Mein tiefes Interesse und meine Begeisterung schienen Dir und Deinem Team zu genügen, um mich mit dieser Aufgabe zu betrauen.

Es war ein zusätzliches Geschenk, an den Workshops teilzunehmen (und sie zu organisieren), die im Vorfeld der Konferenz in der Schweiz durchgeführt wurden – sei es die Atemarbeit mit Dir und Christina, oder jene über Tai Chi und Schamanismus.

Es war eine lustvolle Erfahrung, mit der «ITA-Gang» zu arbeiten (und zu spielen!). Sie adoptierte mich sogar für die Vorbereitungsarbeiten der Folgekonferenz in Kyoto. Als die Einladungen dafür eintrafen, sah ich zu meinem Erstaunen, dass ich auf der «Speakers' List» aufgeführt war. Ich sollte über die Organisation und Logistik von ITA-Konferenzen sprechen! Du und Christina habt Euch in die erste Reihe gesetzt, um mein Lampenfieber zu dämpfen – ich solle einfach nur Euch zwei anschauen, sagtest Du, und so reden, als wär's ein Dialog mit Euch!

Hättest Du mir nicht diesen Weg gezeigt und mich darauf begleitet, wäre ich wohl nie Psychotherapeutin geworden, und ich hätte sicher nie Bücher darüber

Stan und Rathna, 2014 in Solothurn

geschrieben! Es war eine große Ehre für mich, bei der International Transpersonal Association Konferenz in den USA zur Feier des 100. Geburtstags von Joseph Campbell aufzutreten. Ich durfte über west-östliche Mythologie sprechen, kurz nachdem mein Buch «*The Psychology of Love – Wisdom of Indian Mythology*» erschienen war.

Wir hatte viele Begegnungen davor und danach – fröhliche Streiche eingeschlossen –, wann immer sich unsere Wege kreuzten. In einem Buch über Dich würden sie ein ganzes Kapitel füllen!

Meine Glückwünsche für Deine 90 Jahre verbinden sich mit dem Wunsch, dass Dir und Brigitte noch manche gemeinsame und befruchtende Jahre bevorstehen!

Ich grüße Dich mit einer tiefen Verbeugung vor den großen Leistungen, die Du im weiten Feld der Transpersonalen Psychologie vollbracht hast.

Rashna Imhasly Gandhy

Stanislav Grof und seine Bedeutung für mich

1980 stieß ich nach ersten Erfahrungen in einem Antiquariat auf die «*Topographie*» und war erstaunt, mit welcher sonst ungekannten Gründlichkeit sich hier jemand des Gesamtspektrums der LSD-Erfahrungen angenommen hatte. Das Buch diente mir zur Orientierung in einem erlebten, aber kaum konzeptualisierten Terrain.

Über Jahre war Stan neben Rick Doblin der hellste Stern am psychedelischen Firmament, der in dunklen, psychedelisch verarmten Zeiten Halt und Orientierung bot. Das war ungemein wichtig in den 1980er und 1990er Jahren, in denen man mit ausgeprägtem Interesse an Psychedelika leicht für einen «abseitigen Spinner» gehalten wurde – und dazu tendierte, sich selbst für einen solchen zu halten.

1982 besuchte ich dann Stans erstes Seminar in Deutschland und lernte das Holotrope Atmen kennen, was neben den psychoaktiven Substanzen ein zweites Steckenpferd meiner späteren Forschung an der Universitätsklinik werden sollte.

Vor einigen Jahren hatte ich dann das Vergnügen, Stan einmal in ganz persönlichem Rahmen näher kennenzulernen. Ich war doch ziemlich überrascht, was für eine reife und völlig unprätentiöse Person mir da begegnete; trotz der gegebenen «geistigen Größe» völlig frei von jeglichem «Guru-Habitus», enorm sympathisch und menschlich. Besonders erinnere ich mich auch an seine erstaunlich sachlich-kritische Haltung gegenüber den USA, in denen er nach dem Prager Frühling 1967 eine neue Heimat fand.

Torsten Passie

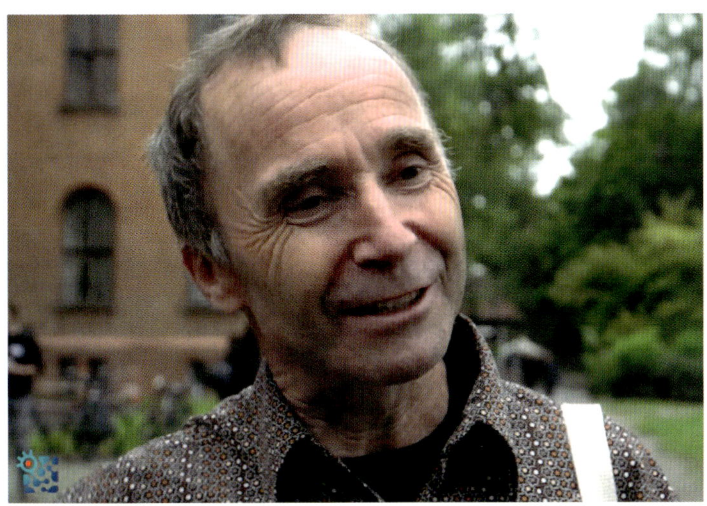

Lieber Stan!

Ein Leuchtturm wird 90 Jahre alt! Du warst und bist für eine ganze Generation von Menschen, die an psychedelischen Substanzen interessiert sind, eine zentrale Person. In den 1970er, 1980er und 1990er Jahren war Deine Arbeit weiterhin weltweit bekannt, und Deine Bücher (zum Beispiel *LSD-Psychotherapie*) standen in vielen Bücherregalen aufgeklärter Menschen. Jetzt erleben wir die «psychedelische Renaissance» und die Sichtbarkeit psychedelischer Arbeit explodiert geradezu. Dank Menschen wie Dir, musste man nicht wieder bei Null beginnen und das Wissen darum, dass auch in den 1950er und 1960er Jahren gute Arbeit gemacht wurde, ging nicht verloren.

Herzlichen Glückwunsch zum Geburtstag, mögest Du so lange leben wie Albert Hofmann!

Peter Gasser

Lieber Stan

Magst Du Dich erinnern, als wir vor etwa 14 Jahren mit Dir und Hansruedi bei Albert Hofmann und seiner so wunderbaren Frau Anita zu Besuch waren? Albert, damals schon etwa hundert Jahre alt, offerierte uns wie immer Kuchen und seinen selbstgebrannten Kirsch - aus Kirschen gewonnen, deren Bäume er manche Jahrzehnte zuvor selbst angepflanzt hatte. Vom Kirsch nahm er sich gerne auch zwei, drei Gläschen, und seine Augen wie auch seine Wangen begannen gleichermassen zu leuchten.

So glückliche Momente, weil so friedlich und ruhig. Und solche wünsche ich Dir, natürlich nebst vielen Abenteuern, eine ganze Menge.

Ich möchte Dir bei dieser Gelegenheit, auch und vor allem im Namen von Hansruedi, für alles danken, was Du für ihn getan hast. Hansruedi malte ja schon von ganz jung auf diese einzigartigen, tiefgründigen Bilder. Verstörend oft für viele, weil er, mehr oder weniger bewusst, ohne eine tabuisierende Ratio arbeitete. Obwohl er Freud las und einiges daraus gewinnen konnte, blieb bei ihm lange der »Verdacht«, dass etwas mit ihm »nicht stimmte». Mit ein Grund, warum er so scheu war und zurückgezogen lebte.

Die Freundschaft mit Dir und vor allem das Buch *HR Giger und der Zeitgeist des 20. Jahrhunderts* eröffneten ihm völlig neue Perspektiven. Du hast dadurch eine Riesenlast von ihm genommen – und er gewann einen neuen Zugang zu seiner Psyche, zu unser aller Psychen. Und verstand dadurch wohl eher, was Timothy Leary meinte: »Giger, Du siehst weit tiefer als wir gewöhnlichen Primaten.«

Für all dies – und für die wunderbare Freundschaft, die uns verbindet – von ganzem Herzen einen grossen Dank.

Ich wünsche Dir und Brigitte weiterhin und für lange Jahre viele wunderbare Abenteuer.

Carmen Giger

P.S. Und hier noch etwas Persönliches:
Vor genau 28 Jahren hatte ich meine erste Erfahrung mit Holotropic Breathwork. Das Atmen fand im Hauptraum einer Kirche in der Zentralschweiz statt, mit einem riesigen Kreuz, das ich andauernd anstarren musste.

Nach den ersten, sowieso schon unglaublichen Erlebnissen – ich wurde zu Beginn zu einem Adler – »fiel« ich in die Kosmische Leere.

Dieses mystische Erlebnis der absoluten Entgrenzung und Verschmelzung mit dem Unendlichen veränderte alles in meinem Leben. Es war seither immer bei mir.

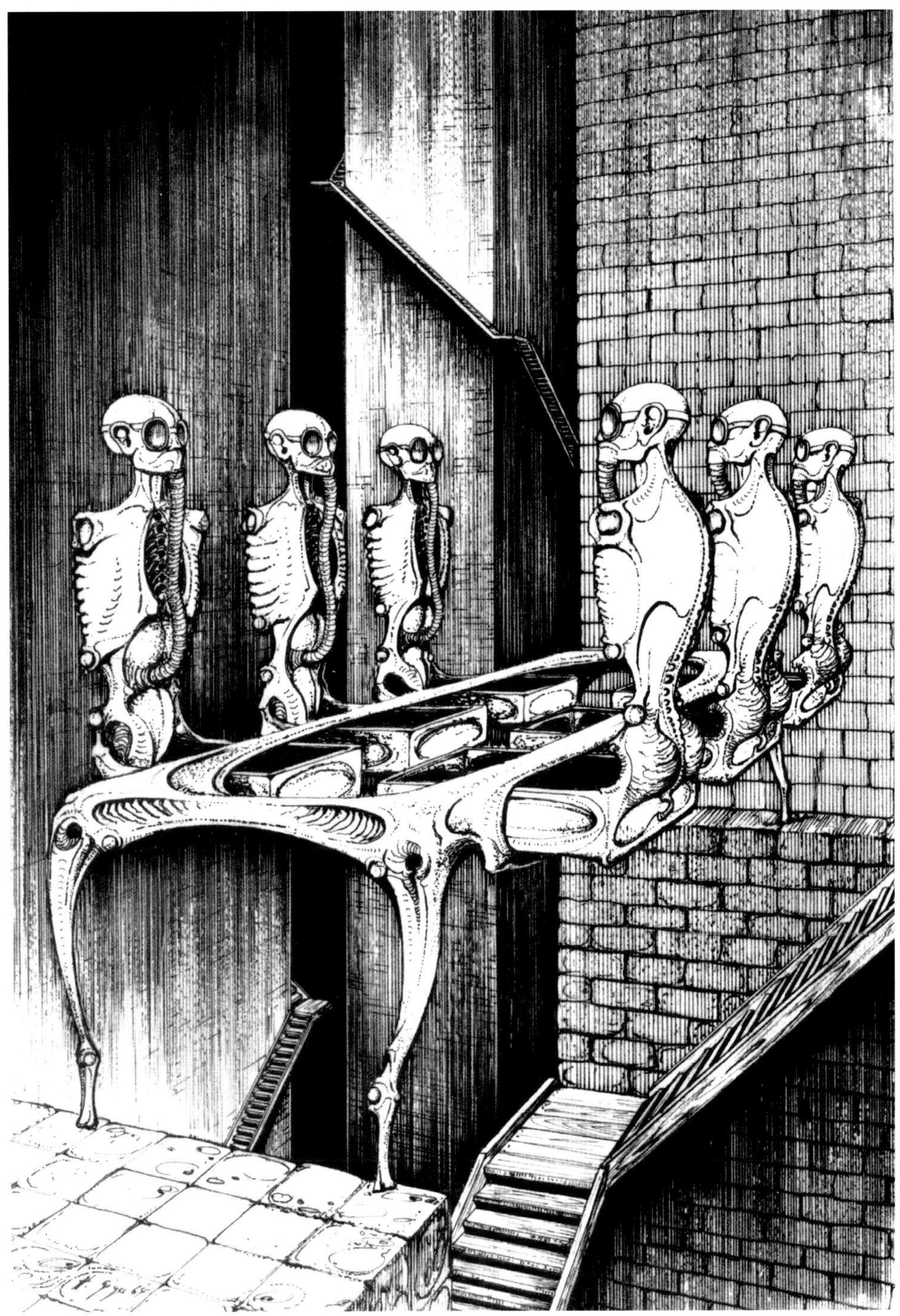

Schacht Nr. 5 (Die Verantwortlichen), 1965, 30×21 cm, Tusche auf Papier. Aus der Serie »Ein Fressen für den Psychiater«. HR Giger hätte sich damals wohl nicht träumen lassen, dass ein brillanter Psychiater namens Stan Grof seine Bilder doch noch eines Tages entschlüsseln würde.

Bibliografie

Deutschsprachige Bücher von Stanislav Grof

1978
Topographie des Unbewussten – LSD im Dienst der tiefenpsychologischen Forschung, Klett Cotta

1980
Die Begegnung mit dem Tod (mit Joan Halifax), Klett Cotta

1983
LSD-Psychotherapie, Klett Cotta

1984
Jenseits des Todes – an den Toren des Bewußtseins, Kösel Verlag

1986
Alte Weisheit und modernes Denken – Spirituelle Traditionen in Ost und West im Dialog mit der neuen Wissenschaft, Kösel Verlag

1988
Die Chance der Menschheit. Bewusstseinsentwicklung – Der Ausweg aus der globalen Krise, Kösel Verlag

1989
Auf der Schwelle zum Leben – Die Geburt: Tor zur Transpersonalität und Spiritualität, Heyne Verlag

1989
LSD und das kosmische Spiel (Privatdruck und -ausgabe), BTPJ

1990
Spirituelle Krisen – Chancen der Selbstfindung (mit Christina Grof), Kösel Verlag

1990
Geburt, Tod und Transzendenz – Neue Dimensionen in der Psychologie, Kösel Verlag

1991
Die stürmische Suche nach dem Selbst (mit Christina Grof), Kösel Verlag

1994
Totenbücher – Bilder vom Leben und Sterben, Kösel Verlag

1997
Die Welt der Psyche – Die neuen Erkenntnisse der Bewußtseins-forschung (mit Hal Zina Bennett), Rowohlt Verlag

2001
Das Abenteuer der Selbstentdeckung – Heilung durch veränderte Bewusst-seinszustände, Rowohlt Verlag

2002
Die Psychologie der Zukunft: Erfahrungen der modernen Bewusstseins-forschung, Verlag Astrodata

2007
Kosmos und Psyche – An den Grenzen menschlichen Bewusstseins, Fischer Verlag

2008
Impossible – Wenn Unglaubliches pas-siert: Das Abenteuer außergewöhnlicher Bewusstseinserfah-rungen, Kösel Verlag

2013
Holotropes Atmen - Eine neue Methode der Selbsterforschung und Therapie (mit Christina Grof), Nachtschatten Verlag

2014
HR GIGER and the Zeitgeist of the Twentieth Century, Nacht-schatten Verlag

2017
Revision der Psycho-logie – Das Erbe eines halben Jahr-hunderts Bewusst-seinsforschung, Nachtschatten Verlag

2018
Psychonautik – Praxis der Bewusstseinsforschung, Nachtschatten Verlag

2020
Psychedelische Selbsterfahrung und Therapie, Nachtschatten Verlag

2020
Der Weg des Psychonauten Band 1,
Nachtschatten Verlag

2021
Der Weg des Psychonauten Band 2, Nachtschatten Verlag

Autorenkollektive (Stan Grof u.a.)

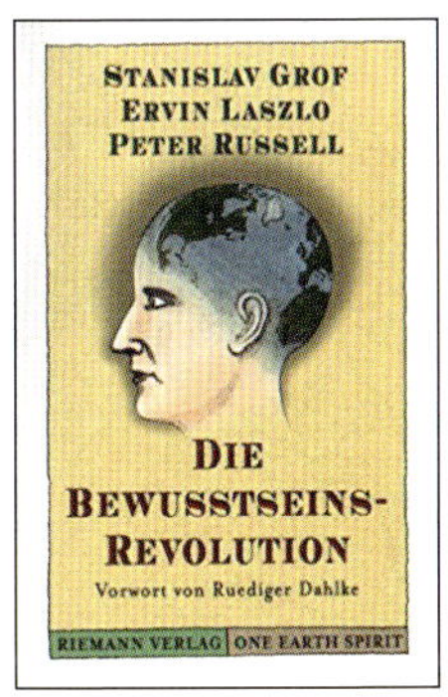

1999
Die Bewusstseins-Revolution, Riemann Verlag

2007
Wir wissen mehr als unser Gehirn: Die Grenzen des Bewusstseins überschreiten,
Herder Verlag

Danksagung

Mein ganz großes Dankeschön geht an unsere Herzensfreunde vom Nachtschatten Verlag, Markus Berger und Roger Liggenstorfer, für Eure Begeisterung und große Unterstützung für mein Buchprojekt, Chris Heidrich für ihre exzellente und schnelle Übersetzung, Agnes Halski für das sorgfältige Lektorat, Nina Seiler und Silvia Aeschbach für die wunderschöne Gestaltung und das Layout des Buches sowie Inga Streblow für das Korrektorat.

Ich danke Euch allen, die Ihr Stan liebt und Euch neben Eurer vielen Arbeit für seine Geburtstagsüberraschung von Herzen engagiert habt, sodass er das Buch an seinem 90. Geburtstag in den Händen halten kann! Und natürlich ein Riesendank auch an Paul Grof, meinen wunderbaren Schwager, der unser Projekt durch seine großzügige finanzielle Unterstützung überhaupt möglich gemacht hat und seinem geliebten Bruder Stan eine große Freude damit macht.

Ich bedanke mich auch bei meinem Freund und Kollegen Renn Butler aus Kanada, der den englischen Text für mich korrektur gelesen hat. Und last but not least gebührt mein großer Dank meinem geliebten Stan, ohne dessen Wissen es dieses Buch nicht geben würde.

Brigitte Grof
Wiesbaden, 24. Mai 2021

Stanislav Grof

Dr. med. Stanislav Grof ist Psychiater mit über 60 Jahren Erfahrung in der Erforschung außergewöhnlicher Bewusstseinszustände und einer der Begründer und Haupttheoretiker der Transpersonalen Psychologie. Er wurde in Prag, Tschechoslowakei, geboren, wo er auch seine wissenschaftliche Ausbildung erhielt: einen Universitätsabschluss (M.D.) von der medizinischen Fakultät der Karls-Universität und einen Doktortitel (Doktor der Philosophie in Medizin) von der Tschechoslowakischen Akademie der Wissenschaften. Außerdem wurde ihm die Ehrendoktorwürde von der University of Vermont in Burlington, VT, dem Institute of Transpersonal Psychology in Palo Alto, CA, und der World Buddhist University in Bangkok, Thailand, verliehen. Im Jahr 2018 erhielt er die Ehrendoktorwürde für Psychedelische Therapie und Heilkunst vom Institute of Integral Studies (CIIS) in San Francisco, Kalifornien.

Seine frühen Forschungen zur klinischen Anwendung psychedelischer Substanzen wurden am Psychiatrischen Forschungsinstitut in Prag durchgeführt, wo er ein Programm leitete, in dem das heuristische und therapeutische Potenzial von LSD und anderen psychedelischen Substanzen systematisch erforscht wurde. 1967 erhielt er ein Stipendium des *Foundations Fund for Research in Psychiatry* in New Haven, CT, und wurde als Clinical and Research Fellow an die Johns Hopkins University und die Research Unit des Spring Grove Hospital in Baltimore, MD, berufen.

1969 wurde er Assistenzprofessor für Psychiatrie an der Johns Hopkins University und setzte seine Forschung als Chief of Psychiatric Research am Maryland Psychiatric Research Center in Catonsville, Maryland, fort. 1973 wurde er als Scholar-in-Residence an das Esalen Institute in Big Sur, Kalifornien, eingeladen, wo er mit seiner verstorbenen Frau Christina das Holotrope Atmen entwickelte, eine innovative Form der Erfahrungspsychotherapie, die heute weltweit eingesetzt wird.

Grof gründete die International Transpersonal Association (ITA) und war mehrere Jahrzehnte lang deren Präsident. 1993 erhielt er von der Association for Transpersonal Psychology (ATP) einen Ehrenpreis für bedeutende Beiträge zur Entwicklung auf dem Gebiet der transpersonalen Psychologie, der anlässlich der Versammlung zum 25-jährigen Jubiläum in Asilomar, Kalifornien, verliehen wurde. Im Jahr 2007 erhielt er von der Stiftung Dagmar und Václav Havel in Prag, Tschechien, den renommierten «Vision 97»-Preis für sein Lebenswerk. Im Jahr 2010 erhielt er den Thomas R. Verny Award der Association for Pre- and Perinatal Psychology and Health (APPPAH) für seine entscheidenden Beiträge auf diesem Gebiet. Er wurde auch als Berater für Spezialeffekte in den Science-Fiction-Filmen *Brainstorm* (MGM) und *Millenium* (20th Century Fox) engagiert.

Zu den Veröffentlichungen von Stanislav Grof gehören über 160 Artikel in Fachzeitschriften und die Bücher *LSD: Doorway to the Numinous* (2009); *Beyond the Brain* (1985); *LSD Psychotherapy* (1978); *The Cosmic Game* (1990); *Psychology of the Future* (2000); *The Ultimate Journey* (2006); *When the Impossible Happens* (2006); *Books of the Dead* (1994); *Healing Our Deepest Wounds* (2012); *Modern Consciousness Research and the Understanding of Art* (2015); *Beyond Death* (1980); *The Stormy Search for the Self* (1990); *Spiritual Emergency* (1989) und *Holotropic Breathwork* (2010) (die letzten vier mit Christina Grof).

Diese Bücher wurden in 22 Sprachen übersetzt, darunter Deutsch, Französisch, Italienisch, Spanisch, Portugiesisch, Niederländisch, Schwedisch, Dänisch, Russisch, Ukrainisch, Slowenisch, Rumänisch, Tschechisch, Polnisch, Bulgarisch, Ungarisch, Lettisch, Griechisch, Türkisch, Koreanisch, Japanisch und Chinesisch.

Seit April 2016 ist er glücklich mit Brigitte Grof verheiratet; sie leben in Deutschland und Kalifornien, bereisen gemeinsam die Innen- und Außenwelt und führen Seminare und Workshops im Holotropen Atmen weltweit durch.

Im August 2019 wurde seine Lebenswerk-Enzyklopädie *The Way of the Psychonaut* veröffentlicht und der Dokumentarfilm über sein Leben und Werk *The Way of the Psychonaut - Stanislav Grof's Journey of Consciousness* herausgebracht.

Im Mai 2020 startete er zusammen mit seiner Frau Brigitte Grof ihr neues Training in der Arbeit mit Holotropen Bewusstseinszuständen, das internationale Grof® Legacy Training. **www.stanislavgrof.com**

Brigitte Grof

Brigitte Grof ist Diplom-Psychologin, approbierte Psychotherapeutin und Künstlerin mit über 35 Jahren Erfahrung in Grof® Breathwork/Holotropem Atmen und holotropen Bewusstseinszuständen. 1986 wurde sie am Esalen Institut in Kalifornien von den Grofs ausgebildet und in den ersten Trainingsgruppen in den USA und der Schweiz zertifiziert. Seit Beginn des Grof-Trainings unterrichtete sie Ausbildungsmodule in den USA, Frankreich und in Deutschland (mit Dr. Sylvester Walch) und leitete eine dreijährige Ausbildungsgruppe des Holotropen Atmens mit Dr. Ingo Jahrsetz. Seit 2004 entwickelt und unterrichtet sie ihre eigene Methode der individuellen Therapie, die Atem- und Körperarbeit auf der Grundlage der holotropen Prinzipien kombiniert. Derzeit arbeitet sie in ihrer Privatpraxis in Wiesbaden in Deutschland und bietet Workshops und Retreats in Grof® Breathwork / Holotropem Atmen an.

Ihre Kunst ist inspiriert von ihren eigenen Erfahrungen mit nicht alltäglichen/außergewöhnlichen Bewusstseinszuständen und von der schamanischen Kunst indigener Kulturen. Ihr Buch *Der wahre König*, ein von ihr geschriebenes spirituelles Märchen mit ihren Illustrationen, wurde von Stanislav Grof übersetzt und kürzlich auf Englisch veröffentlicht.

www.holotropes-atmen.de
www.brigittegrof.com

Seit April 2016 sind Stan und Brigitte Grof glücklich verheiratet; sie leben gemeinsam in Deutschland und Kalifornien und reisen im Tandem durch die innere und äußere Welt. In den letzten Jahren leiteten sie Workshops und Ausbildungen im Holotropen Atmen/Grof® Breathwork in China, Chile, Ecuador, USA, Schweden, Tschechien, Frankreich, Schweiz, Argentinien, Peru und am Esalen Institut, Kalifornien. 2017 präsentierten sie ihre Arbeit und hielten auf der Internationalen Transpersonalen Konferenz in Prag Vorträge darüber.

Im Mai 2020 starteten sie gemeinsam ihre neue Ausbildung in der Arbeit mit holotropen Bewusstseinszuständen, das internationale Grof® Legacy Training.

www.grof-legacy-training.com

Stan freut sich über den druckfrischen zweiten Band seiner Enzyklopädie
Der Weg des Psychonauten, Wiesbaden, 14. Juni 2021